HANYU GULI

BIANXI

韩愈故里辨析

梁永照 —— 著

河南大学出版社
·郑州·

图书在版编目（CIP）数据

韩愈故里辨析 / 梁永照著. -- 郑州：河南大学出版社，2022.3
ISBN 978-7-5649-5066-8

Ⅰ. ①韩… Ⅱ. ①梁… Ⅲ. ①韩愈（768-824）—人物研究 Ⅳ. ① K825.6

中国版本图书馆 CIP 数据核字（2022）第 050422 号

责任编辑　纪庆芳　李三卫
责任校对　胡玲霞
封面设计　马　龙

出版发行　河南大学出版社
　　　　　地　址：郑州市郑东新区商务外环中华大厦 2401 号
　　　　　邮　编：450046
　　　　　电　话：0371-86059701（营销部）
　　　　　网　址：hupress.henu.edu.cn
排　　版　河南大学出版社设计排版部
印　　刷　河南瑞之光印刷股份有限公司
版　　次　2022 年 3 月第 1 版
印　　次　2022 年 3 月第 1 次印刷
开　　本　710 mm×1000 mm　1/16
印　　张　12.5
字　　数　162 千
定　　价　48.00 元

版权所有·侵权必究
本书如有印装质量问题，请与河南大学出版社营销部联系调换。

前　言

本书的作者梁永照先生，毕业于河南大学历史系文博专业，是一位有着三十多年文物考古、博物馆从业经历的学者型基层领导干部。长期以来，他孜孜不倦地致力于韩愈文化的考证和研究，是中国唐代文学学会韩愈研究会的理事和河南省孟州市韩愈研究会的副会长。

我作为梁永照先生的同事和朋友，与他多有交往。因此，在他的这部专著计划付梓之时，遵嘱写两句话置于卷首，向所有读者朋友说明一下他的本意和初衷，免遭别人误解。对此，我虽力难从心，但恐违雅意，思来想去，还是欣然领命，尽心尽力。

一、关于名人故里

1. 泱泱华夏，源远流长，薪火传承，名人辈出。然而，由于种种原因所致，历史文献多注重历史名人对社会发展进步所做的贡献及其在重大历史事件中所起作用的记载，而对于历史名人的个人信息，如生辰、故里等却少有明确记载，这就给后人对历史名人进行研究留下了无限的空间。尤其是随着时代的发展，当人们普遍认识到历史名人对于地方经济、文化、社会发展的巨大效应后，便出现了对历史名人归属地的激烈争夺。

2. 由于受历史上朝代更替频繁、地名变更随意，以及信息沟通渠道缺乏、史料记载资源有限、人员流徙跨度较大、古文今义常有差异等众多因素的影响，导致了在历史名人故里考证方面的扑朔迷离和貌同实异，给某些别有用心之人提供了可乘之机。有些人便仅凭手中支离破碎的点滴文献资料、野史记录、民间传说，甚至虚假材料，硬要把历史名人同当地联系起来，使历史名人研究走偏了方向，步入了歧途。

3. 按照常理，一个人的籍贯是指其祖父及以上父系祖先的长久居住地或祖父及以上父系祖先的出生地。从科学角度而言，一个人的居住地可有多处，但出生地具有唯一性，不能胡编乱造，张冠李戴。如果仅凭一星半点的历史记载和缺乏权威、有违常识的所谓史料，将其籍贯或出生地强加在历史名人的头上，则既是对历史名人的亵渎，也是对历史真相的践踏，难以经得起历史的检验，也难以让人信服。

4. 历史名人故里可以争，可以有不同观点，但必须建立在遵循规则、实事求是的基础之上，以真实史料、文物遗迹、权威解读为基准，而不能靠野史记录、民间传闻、虚假证据、臆想推测去糊弄人。同时也要淡化经济效应，排除私心杂念，遵守学术规则，还原历史真相。

二、关于韩愈故里

1. 韩愈故里既是一个严肃的学术问题，也是一个复杂的社会问题。作为学术问题，可以说完全是由于人为因素而使其逐渐复杂化起来。《旧唐书》问世（945年）之前，在韩愈故里问题上是没有任何不同声音的，更不存在任何争议。这在韩愈的诸多诗文中及其同时代文人的诗文中都有明确记载，它们都明白无误地称韩愈为河南（府）河阳（县）人。而正是由于后晋刘昫等在编纂《旧唐书》时不经考证的轻率态度,这才出现了"韩愈为昌黎人"的观点。(后来更是有人极不负责任地妄称韩愈为河北昌黎县人。其实,河北的昌黎县此时还叫"广宁县",1189年才定名为昌黎县。)到北宋时期欧阳修等人编撰《新唐书》时,他们已认识到《旧唐书》称韩愈为昌黎人是错误的,"昌黎"只是韩愈的郡望,但他们仍然未对韩愈的籍贯进行严谨的考证,而是根据李白在至德二年(757年)为韩愈的父亲韩仲卿卸任武昌县县令时所撰写的《武昌宰韩君去思颂碑》中"君名仲卿,南阳人也"的记载,又自作聪明地因宋朝时荆州之地的南阳属邓州管辖,便轻易地在"南阳"前加上了"邓州"二字,臆称韩愈为"邓州南阳人"。这就又出现了"韩愈为邓州南阳人"的观点。到了1197年,南宋大儒朱熹在其晚年的力作《昌黎先生集考异》卷十考辨《新书本传》(《新唐书·韩愈传》)时,从韩愈先祖的迁徙流变情况、郡望情况,和河阳与孟州的建置演变情况等方面入手,经过严谨的考证,得出了韩愈既不是《旧唐书》上记载的昌黎人,也不是《新唐书》中记载的"邓州南阳人",而是"河内南阳人"的结论。然而,有人则对朱子关于"盖其世袭虽有不可知者,然南阳之为河内修武,则无可疑者。而《新史》、洪《谱》之误断可识矣"这一结论的本意进行了大肆曲解,断章取义地妄称"韩愈为修武人"。就这样,韩愈故里这一潭澄澈的清水被人为地一步步搅浑了。由此出现了史上关于韩愈故里河阳说、昌黎说、南阳说、修武说的争论。

作为社会问题,这可以说完全是由于利益的驱使而使其逐渐激烈化起来的。1978年党的十一届三中全会以后,我国实行了改革开放的政策,中国社会各个方面、各个领域都发生了翻天覆地的变化,自上而下都在寻求快速发展的途径。由于名人资源既具有一般经济资源可以开发的特点，又具有可以作为纽带增加更多投资机会的特点，不少地方便开始尝试利用名人效应、遗迹遗址，打造旅游景点、兴办文化节会以提高地方的知名度和美誉度，吸引外来人员、助推地方发展，并且都收到了很好的效果。这就使得一些地方政府急不可耐，牵强附会地根据一些人的曲解和臆造，直接参与到了名人里籍的争辩之中，并逐步演变成了对名人里籍的争抢。"韩愈故里"问题近几十年也不可避免地经历了这一过程。说到底，名人里籍之争，实质上就是资源之争、品牌之争、利益之争。

2. 1986 年 11 月广东汕头韩愈国际学术研讨会之后，韩愈故里在唐河南（府）河阳（县）即今河南省孟县（1996 年改为孟州市）在学界已经形成了共识，成为主流。此后，国家典籍文献、教科书、资料书和国家主流媒体等，在介绍韩愈时都陆续将韩愈的故里统一表述为唐河南河阳（今河南省孟州市）。时任中共中央总书记、国家主席、中央军委主席江泽民等众多党和国家领导人，国学大师任继愈、饶宗颐等众多专家学者和国际友人，都先后到韩愈故里孟县（今孟州市）的韩园（韩愈陵园）进行了拜谒和考察。2006 年 5 月 25 日，国务院又将韩愈故里孟州市韩园内的韩愈墓公布为第六批全国重点文物保护单位。

3. 1986 年 11 月广东汕头韩愈国际学术研讨会之后，持韩愈故里昌黎说、南阳说、修武说，甚至洛阳说、邓州说、孟津说的专家学者和韩愈研究热心人士，继续坚持自己的观点，不断进行探讨交流，这属于正常的学术活动，在弘扬韩愈文化、传承韩愈精神方面都做出了各自的贡献。继续这方面的学术研究和探讨不应一味反对。

4. 修武县一些同志主张韩愈故里在修武，想让历史名人韩愈为修武增光添彩，吸引更多的人到修武观光旅游，助推修武经济发展和文化繁荣，都在情理之中，本也无可厚非。然而，修武县却有个别同志跑偏了方向，走上了歧途，所出版的《韩愈故里在修武》一书资料错讹很多，误导了读者。

面对这种情况，本书的作者梁永照先生，出于全面了解情况、丰富研究成果的考虑，对修武县出版的《韩愈故里在修武》一书，及其所涉及的有关资料，进行了系统的阅读、研究和考证，结果发现：其证明韩愈故里在修武的论据，存在大量的错误和疑问。于是便在韩愈研究学者和爱好者之间，从学术研究、探讨、商榷的角度对这些错误和疑问提出了自己的观点。不承想，梁永照先生的这一举动刺痛了修武县某些人的神经，他们通过召开研讨会、制作宣传片、举办纪念活动、兴建有关设施、邀请专家助阵、制作大型广告等方式强聒不舍，强词夺理，甚至采用到韩愈国际学术研讨会的现场，挨门向与会专家学者房间传送小纸条的形式去强行推销自己的观点。凡此种种，不一而足。

诚如中国唐代文学学会韩愈研究会的老会长张清华教授所讲，韩愈故里之争已不仅仅是我们个人的事，这关乎学术真实性的问题，一定要分辨和甄别出修武出土的五块石碑和《韩文公门谱》的真伪及它们的来龙去脉，消除史学界和学术界在这个问题上模棱两可的观点和认识。因为搞史学和文学研究的学者们并不一定掌握考古学知识，而本书作者梁永照先生当初针对《韩愈故里在修武》一书中的错误和疑问，从学术研究、探讨、商榷角度出发发表的个人观点，正是基于他在考古、文博方面的专业知识和实践积累提出来的，可以说有理有据，令人信服。也正是在看了修武县出版的《韩愈故里在修武》一书和梁永照先生的反驳文章之后，我才一再鼓励梁永照先生，将这些东西整理结集，以拨云见日，正本清源。

因是之故，有了今天大家看到的这本专著。

杨丕祥

（中国唐代文学学会韩愈研究会副会长兼秘书长、孟州市政协前主席）

2021年6月18日

目 录

我的韩愈故里观 1

五块韩碑　疑点丛生 —— 驳《韩愈故里在修武》之一 6

《门谱》序文　天马行空 —— 驳《韩愈故里在修武》之二 ...19

两地韩氏　本是同宗 —— 驳《韩愈故里在修武》之三 27

　　附：韩文公后裔嫡系派宗图 37

孟州韩园　不容置疑 —— 驳《韩愈故里在修武》之四 42

照片一组　肆意玩弄 —— 驳《韩愈故里在修武》之五 53

引经据典　随我改动 —— 驳《韩愈故里在修武》之六 61

韩昶墓志　任意篡改 —— 驳《韩愈故里在修武》之七 68

臆造史料　荒诞不经 —— 驳《韩愈故里在修武》之八 78

　　附：明代江西邵奎明序文与修武唐代韩绲序文对比 87

考证辨析　武断臆成 —— 驳《韩愈故里在修武》之九 97

朱子本意　不容曲解 —— 驳《韩愈故里在修武》之十 107

　　附：《昌黎先生集考异》节选 113

论韩愈故里之争 115

　　附：韩文公墓志铭 125

张建封其人其事 127
　附：徐州刺史赠司空张建封墓志 136
唐刘氏墓志考——兼论韩愈故里 139
韩昶墓志的出土流传经过 143
韩坡与韩陂 147
　附：寄崔二十六立之 154
关于《题西白涧》诗 158
回答吴泽人先生《九问孟州韩愈坟墓的真与假》 163

附录　权威辞书与文史学者对韩愈籍贯的论定 170
后记 191

我的韩愈故里观

2006年6月13日，河南省修武县在一天之内一举出土了五块据说都与韩愈故里有关的石碑，并在之后公布了发现从唐代流传至今的《韩文公门谱》的消息。对此，时任修武县有关领导十分重视。很快，便由修武县政协牵头，向县委、县政府提出了扩大"韩愈故里在修武"的影响的6条建议，组建了《韩愈故里在修武》编委会和编辑部，于2006年12月由中州古籍出版社出版了《韩愈故里在修武》一书，作为修武县文史资料第二十二辑在社会上广泛散发。后又通过召开专题研讨会，制作电视专题片，举办盛大的韩愈墓碑和韩愈像竖立祭祀活动，修建大型韩愈文化广场，邀请专家学者出面宣讲韩愈故里在修武等活动，将"韩愈故里在修武"的宣传推向了高潮。这样一来，也确实迷惑了一些人，让一些搞文学研究的专家也一头雾水，给史学界和学术界造成了一时混乱，以至于有些人在"韩愈故里"这个问题上发出了模棱两可的声音，甚至还有人提出一个折中方案：在书中写到"韩愈故里"时，用"韩愈，焦作修武县（一说焦作孟州）人"来表述。凡此种种，不一而足。

修武县的五块石碑和《韩文公门谱》被发现后不久，我便和焦作市的一位文物专家前往修武进行了实地考察，并从朋友处得到了全部五块石碑的拓片、《韩文公门谱》全册复印件，及《韩愈故里在修武》

一书。闲暇之余，我对这些资料进行了认真的阅读、研究和考证。

最初的时候，我所有关于修武出土的石碑和修武《韩文公门谱》的考证文章，都是我与网名为"吴泽人"的先生在争论"韩愈故里"时，直接通过我的博客发出去的。当时的情况是，你一言我一语，你提问题我回答，我提问题你回答，不成系统。那次的争论持续有一年多的时间，前前后后我写了十篇反驳《韩愈故里在修武》一书内容的文章。回头一看，不承想竟有几万字，自己也吓了一大跳。本来写这些博客，只是同网友探讨历史、明辨是非，让我万万没想到的是，我们两个的辩论几乎每篇博文都被多家网站转载，每篇博文的访问量几乎都在上千次以上，有几篇的访问量甚至超过二千。这次争论在社会上产生了这么大的影响，这是我未曾想到的。几年来，全国各地大约有数百人通过电话、微信、信件等方式联系到我，有辽宁的、河北的、广东的、河南的韩学爱好者，有武汉大学、南京大学、郑州大学、河南大学的老师、研究生、博士生，有洛阳的、南阳的、焦作的、秦皇岛的韩愈故里争议地的学者们，他们同我讨论、研究、甄别这个问题。有位郑州大学的先生电话里指责我发表在网上的讨论文章，几乎全是抄袭网名"夜郎在坐"先生的博客，说我引用别人的文章而不注明出处的行为是不道德的。他可能不知道"夜郎在坐"原本就是我的博客名。

应朋友之邀，我把讨论的随笔博文总结提炼成了一篇《修武出土的韩愈石碑和门谱考——与程峰教授商榷》论文，刊登在国家核心期刊《中原文物》2010年第四期上。多位孟州的老同志为此向我表示感谢。孟州文化学者马久智先生和孟州一中高长文老师专门跑到我的办公室，满含热泪握着我手说："你的文章考证准确翔实，拨云见日，解开了我们这些人心中的疑团，你为孟州办了件大好事。"我当时还想，真的吗？不会吧，不就是考证几块石碑的真伪，一部家谱流传过程吗？这和我撰写几十篇其他考证文章不是一样吗？不过，心中也有些小骄傲油然而生。

但没想到的是，在我提出"修武县这些石碑和门谱，都是民国时期由修武县韩姓后裔伪造和杜撰出来的，对'韩愈故里'根本没有任何参考价值"的结论后，遭到了坚持"韩愈故里修武说"的人的强烈反对。

我曾多次在不同场合与焦作市内一些专家和其他地方的专家们进行过韩愈故里有关问题的辩论。我每次都要事先声明，我不是什么专家，只是一名韩学研究爱好者，是一名在大学里认真学习四年并确实掌握了最基本文物考古知识的学生，是一名从事了近30年文物考古工作的博物馆工作人员。我只是源于对文物知识的敬畏，对工作的热爱和尊重，而对那些有违最基本文物考古常识的说法，提出一点自己的反驳意见。

持"韩愈故里修武说"者的文章中，多次提到焦作师范专科学校程峰教授"韩愈故里"的考证结论。其实我与程峰教授是几十年的好朋友，我知道程峰教授的观点，我们也多次对韩愈故里的问题进行过讨论和争论，我曾写过两篇与程教授商榷的文章，还刊登在由程峰教授任主编的学报上。我们两个都认可这样一句话：我反对你的观点，但我誓死捍卫你说话的权利。

有些人的文章中，还对由焦作市委宣传部组织编写并刚刚出版发行的《焦作文化大典》中把韩愈故里认定为"焦作孟州市"的观点表示了强烈的不满。《焦作文化大典》是一部官方主持编写的文化系列丛书，其主要内容和观点当然要代表国家层面的观点和已公认的常识。那些没有科学依据，没有经过科学考证的内容是不应该也不能入编的。正如

《大学》所言："物有本末，事有终始。知所先后，则近道矣。"

关于韩愈故里这个话题，我真不想再说，也不愿再同别人争论。好像除了韩愈故里这个话题外，我们似乎对韩愈老先生其他方面的研究什么也不了解一样。说心里话，我其实更喜欢韩愈的哲学思想，也就是古人常说的"道"。韩愈在《答崔立之书》中说："致之乎吾相，荐之乎吾君，上希卿大夫之位，下犹取一障而乘之。若都不可得，犹将耕于宽闲之野，钓于寂寞之滨，求国家之遗事，考贤人哲士之终始，作唐之一经，垂之于无穷，诛奸谀于既死，发潜德之幽光。"宋代学者文谠在《新刊经进详注昌黎先生文》一书的序言中也评价韩愈"穷则事道如事君，达则事君如事道"。这也是我要追求达到的境界。虽然宋明理学家们不承认韩愈的新儒学思想是宋明理学的发端鼻祖，但韩愈"道统"学说的衣钵确确实实是被宋明理学家们继承下来，并在此基础上一步步地不断发展，不断完善，不断传播，最终成长为影响中国近千年的宋明理学，史称新儒学。

2018年4月13日至15日，孟州市举办了"韩愈故里海峡两岸韩愈学术研讨会"。中国唐代文学学会韩愈研究会的老会长张清华教授在研讨会期间，专门邀请我到他的房间，同我谈了近期的韩愈故里之争一事。张清华教授一再嘱咐我一定要关注此事，重视此事。因为韩愈故里之争已不仅仅是我们个人的事，这关系到学术研究的真实和对历史的责任。一定要让更多的人了解、明白、清楚此事，分辨和甄别出修武出土的五块石碑和《韩文公门谱》的真伪及它们的来龙去脉，消除史学界和学术界在这个问题上模棱两可的观点和认识。因为搞史学和文学研究的学者们并不一定掌握考古学知识。

韩愈故里在河南孟州这个结论，早已得到了史学界和文学界的广泛认同。由于韩愈在中国思想史、中国文学史、中国教育史和中国哲学史上有巨大影响，是"唐代文化学术史上承前启后转旧为新关捩点之人物"（陈寅恪先生《论韩愈》），所以有关韩愈文化的研究早在宋朝就已开始。起初是从韩愈的文学思想与哲学思想入手的。随着时代的发展变化，韩愈文化逐渐成为一门专项学术分类。现如今，韩愈文化的研究内容更为广泛和深入，不仅在中国大陆和港澳台地区已蔚然成风，甚至在海外的日本、韩国、新加坡、美国、澳大利亚等国也有专门的韩愈文化研究人员和机构。所以说，不论现在还是将来，围绕韩愈文化的研究考证，还需要我们韩学研究爱好者，以及国内外的专家学者们不懈努力，一步步深入细化。只有这样，才能不断涌现出新的研究成果，服务于社会，传承于后人，更有力地促进中华民族文化的发展和壮大，使我国由文化大国成长为文化强国。

为了正本清源，为了让关心"韩愈故里"和"韩愈文化"这个话题的人们了解孟州人在韩愈故里和韩愈文化研究方面的主要依据和成果，同时，也为了给自己多年来在韩愈文化研究方面的工作进行一个小结，我决定将有关这方面的已经发表过和尚未发表过的文稿结集起来呈献给大家。由于地方文献参考资料的局限性，再加上本人研究水平有限，文章中的某些观点可能还比较浅薄，词语表达不是十分精准，敬请大家多提宝贵意见。

五块韩碑　疑点丛生
——驳《韩愈故里在修武》之一

2006年6月13日，河南修武县出土了五块据说都与韩愈有关的石碑。这五块石碑分别是：宋代熙宁三年（1070年）《唐韩文公故里碑》（图一）；明代嘉靖四十四年（1565年）《唐昌黎伯韩文公墓碑》（图二、图三）；明代隆庆五年（1571年）《唐昌黎伯韩文公故里碑》（图四、图五）；清代嘉庆二十年（1815年）《韩文公祠祭田碑》（图六、图七）和清代道光二十四年（1844年）《唐昌黎伯韩文公故里碑》（图八）。

图一　宋熙宁三年《唐韩文公故里碑》拓片及释文

五块韩碑　疑点丛生

道冠古今

唐昌黎伯韩文公墓

知修武县事顺天贡生单介　撰
教谕霍州张　诚　书
丞北直隶蔡　堪
训导定兴胡　升　仝立
主薄临汾刘　澄
典史湖广能以兆

公讳愈字退之生于大历三年戊申卒于长庆四年甲辰
享年五十有七

大明嘉靖四十四年桃月上浣

图二　明嘉靖四十四年《唐昌黎伯韩文公墓碑》拓片及释文（阳）

碑阴

窃惟先儒韩子盖以匹夫而为百世师一言而为天下法文起八
代之衰而道济四海之溺忠犯二主之怒而勇压三军之帅考
其志乃修武人也祖籍世居于安阳城及治东廊青龙岭南韩
坡然公之祖茔也田百顷四至分明居人传闻亦然公乃唐宋
八大家之首文坛领袖自唐迄今天下人士皆仰之如泰山北
斗况其桑梓安敢不慎乎详察韩坡角向南周围约千亩之外
尚存墓冢二十有余坟墓不计其数唯一方碑文早曰韩氏先茔
无墓碑访居人妇幼皆知同指一墓曰此文公冢也众口皆碑
确切无疑但距县治三舍有余时以祭风雨劳民不便矣
治西北隅赵场邨旁有一墓居人亦云文公墓特镌文志之以
利春秋致祭焉

图三　明嘉靖四十四年《唐昌黎伯韩文公墓碑》拓片及释文（阴）

韩愈故里辨析

唐昌黎伯韩文公故里

图四 明隆庆五年《唐昌黎伯韩文公故里碑》拓片及释文（阳）

碑阴

据实考唐宋八大家之首韩文公讳愈字退之确为晋启南阳修武县人也治西北二十五里安阳城村西北三里许青花岭前韩坡乃公墓和上世之祖茔也韩氏先茔四字碑和墓冢群尚存焉

修武县
知事黄　中
县丞白　瑒
教谕孙承恩
训导杨　元　仝立石
主薄李　艺
典史李一登

皇明隆庆五年三月十二日　泐碑

图五 明隆庆五年《唐昌黎伯韩文公故里碑》拓片及释文（阴）

流芳

窃维先儒文公韩子文起八代之衰道济五世之溺盖以匹夫而为百世师者考之志乃修武人也有李唐以来海内人士皆仰之如泰山北斗况其桑梓之可祭飨先生于社者乎是故宁城书院设文公神位为斯文宗主俾肄业人士如坐于当年函丈间而祀产阙如无以供俎豆则崇先哲以励后学之义安在哉余用是购田八十亩零九分九厘七毫为公祠祭田即给其后裔生员韩抡元领奉输赋之外岁取余资以备酒醴粢盛春秋致祭焉韩生务率其子孙世世力耕奉祀楚茨之诗云苾芬孝祀神嗜饮食卜尔百福如几如式可不敬钦余恐日久弊生爰立石志其事并志其地以备致云

修武知县　杨濂撰文并书丹

图六　清嘉庆二十年《韩文公祠祭田碑》拓片及释文（阳）

碑阴

祭田坐落
一在县东北二十五里礼贤庄三十段计地五十四亩六分五厘三毫外庄基三亩零
一在县正南二十里南柳四段计地一十四亩九分四厘七毫
一在县正南西常村二段计地一十一亩三分九厘七毫

皇清嘉庆二十年仲春月　立

图七　清嘉庆二十年《韩文公祠祭田碑》拓片及释文（阴）

韩愈故里辨析

图八　道光二十四年《唐昌黎伯韩文公故里碑》拓片及释文

我的第一篇考证就从这五块据说都与韩愈有关的石碑开始，辨析其所载内容的真伪。

一、宋代熙宁三年（1070年）的《唐韩文公故里碑》

此碑的落款为"修武县知县高世袭宋熙宁三年二月二十五日立"（见图一）。关于高世袭其人，查阅现存资料，乾隆《怀庆府志·职官志·宋》确有"高世袭，知修武县"的记载，清道光《修武县志·职官志》也有"宋，高世袭知修武县事"的记载。这都可说明修武县在宋代确实有一位叫高世袭的人在此任过知县。

另据，修武县国家级重点文物保护单位百家岩寺塔周围的山壁上保存下来的多块宋代摩崖石刻中，有一块题名为"郡督邮范栋沿职事约邑令高世袭至此同游"的石碑（见图九），落款时间为"政和戊戌六月九日"。政和戊戌年为宋徽宗政和八年，也称重和元年，即公元1118年。

图九 《修武县百家岩摩崖石刻碑》

从这块摩崖石刻上可以得知，高世袭在修武的任职时间应该在宋徽宗政和年间（1111—1118年）。而修武韩碑上知县高世袭的落款时间为熙宁三年即公元1070年。也就是说，修武县知县高世袭为"唐韩文公故里"立碑的宋熙宁三年，与他陪同"郡督邮"同游百家岩的宋政和戊戌年，前后相距整整48年。

联系修武县出土的所谓《唐韩文公故里碑》与"郡督邮"约邑令高世袭"同游"百家岩摩崖石刻碑，就会使人们看到这样一则事实：要么是高世袭在宋神宗熙宁三年（1070年）任修武县知县，48年后，即宋徽宗政和八年（1118年）又到修武县任了一次知县；要么就是高世袭在修武县担任知县一职时间至少长达48年之久。

如果修武县的史家们非要说，宋代就是有两个同名同姓的高世袭分别在宋神宗熙宁三年和宋徽宗政和八年在修武县任知县，或者说高世袭在修武县担任知县一职就是长达48年之久，那就另当别论了。

然而，就是有人竟敢在文章中说出这样的话，如此挑战人们的基本认知。

作为同一个人，在同一个地方，担任相同的行政长官，并且任职时间长达半个世纪；或者，两个同名同姓的人，在同一个地方担任相同的行政长官。如此诡异的现象亘古未见。由此可以推断：上述两块碑刻中必存一伪。

二、清代道光二十四年（1844年）的《唐昌黎伯韩文公故里碑》

此碑的落款为"文林郎修武县知事菑川冯继照皇清道光二十四年二月二十一日谷旦"（见图八）。请大家记住这个年号和官职，尤其是"文林郎"这一关键词。

据民国《修武县志》卷五《职官·职官表》："冯继照，字□桥，山东菑川人，拔贡，（道光）十三年（1833年）任。"据现代版《修武县志》记载："冯继照，字荻桥，山东淄川县（今山东淄博市）人，拔贡，道光十三年（1833年）至道光三十年（1850年）任修武县知县。"这就说明，冯继照确实在修武县任过知县，并且任职时间长达18年之久，立所谓《唐昌黎伯韩文公故里碑》时已在修武县任知县12年了。

可在修武县任知县已12年的冯继照怎么会只是一名七品文散官"文林郎"呢？

清代官吏选拔任用制度规定："论其资考，三年为一俸期。俸期满不能升调者，不得在原地任职。任满后政绩卓异者提升，平常者平调，有过者革职或降级。经考核应升迁者如因当地需要也可连任。为使连任官员不致因连任而失去应升的级别和应得的俸禄，可在原职上加级、

加衔。这是以德礼辅行政的一种奖励办法。"（参见徐新华《内乡县衙览要·衙门知识》，华艺出版社2003年版）

《通典·职官十六》和《续通典·职官十六》都记载：文林郎为文散官名。隋文帝置，在八郎中位第八。唐为文官第二十八阶，从九品上。宋从九品上。宋元丰年改制，用以代留守、节察推官、军监判官，后定为第三十三阶。金正八品上，元升为正七品。明正七品初授承事郎，后升授文林郎。清正七品授文林郎，吏员出身者授宣义郎。清代规定："初正一品、特进、光禄大夫，寻改光禄大夫；从一品光禄大夫，后改荣禄大夫。正二品资政大夫；从二品通奉大夫。正三品通议大夫；从三品中议大夫。正四品中宪大夫；从四品朝议大夫。正五品奉政大夫；从五品奉直大夫。正六品承德郎；从六品儒林郎，吏员出身者宣德郎。正七品文林郎，吏员出身者宣议郎；从七品征仕郎。正八品修职郎；从八品修职佐郎。正九品登仕郎；从九品登仕佐郎。"（《清史稿》卷一百十《选举五》）

修武县现存有三块记载冯继照在道光年间不同时期所立的石碑，可以清楚地说明冯继照在道光年间不同时期在修武县所任的不同官职名称。

第一块：修武县在2007年第三次全国文物普查时，发现了道光十八年（公元1838年）冯继照书写的《吴泽十八桥题名记碑》。碑首行题"文林郎知修武县事淄川冯继照撰并书"，落款为"道光十有八年岁在戊戌春三月吉日"。

第二块：民国《修武县志》卷十三《金石》中收录的《宋武康军节度使刘毅萧公昌祚之墓碑》，落款为"在伏珠坡后新庄沟郱东山湾，清道光二十一年岁在辛丑春三月，知州衔知修武县事淄川冯继照书立"。

第三块：民国《修武县志》卷十三《金石》中收录的冯继照书写的《狱空碑》，落款为"在旧狱门外，清道光二十四年（1844年），岁在阏逢执黄肃中黄钟之月，诰授奉直大夫知州衔知修武县事冯继照、典史刘光逮立"。

从以上这三块石碑的记载中，我们可以看出，清道光十八年（1838年），冯继照还是一名文林郎。而到了清道光二十一年（1841年），冯继照就已加授了知州衔，从六品，成为儒林郎；及至清道光二十四年（1844年），冯继照则又升为了"诰授奉直大夫"，从五品。那么这就出现了一个显而易见的问题，同为清道光二十四年（1844年）冯继照立的《狱空碑》的落款为"诰授奉直大夫知州衔知修武县事冯继照"，怎么到了《唐昌黎伯韩文公故里碑》的落款则成了"文林郎修武县知事菑川冯继照"呢？这既不符合冯继照在清道光二十四年（1844年）的实际品级，也与民国《修武县志·金石》中的记载散官名不相符。

三、关于宋熙宁三年（1070年）《唐韩文公故里碑》和清嘉庆二十年（1815年）《韩文公祠祭田碑》的落款署名

根据《韩愈故里在修武》书中所述，修武县出土的据说都同韩愈有关的五块石碑全部由时任修武县知县所书、所立。而按照封建社会的制度规定和惯例，县级行政区长官的正式称谓是"知某县事"，简称为"知县"，含有防止滥用职权之意。就是说：皇帝不过派你去搜集某县的"情报"，研究了解当地的风土人情，以供朝廷施政之用而已，不是叫你骑在老百姓头上。但是"知县"一职在书写时，一般都会如上述五块石碑中的明嘉靖四十四年（1565年）《唐昌黎伯韩文公墓碑》那样，将知县书写成"知修武县事顺天贡生单介撰"（见图二）。查一

下清道光和民国《修武县志》，其中收录的几十块由时任知县书写碑刻的落款，也都全部是如此书写。而宋熙宁三年（1070年）的《唐韩文公故里碑》和清嘉庆二十年的《韩文公祠祭田碑》的落款署名则分别为："修武县知县高世袭"（见图一）和"修武知县杨濂撰文并书丹"（见图六）。这样的书写格式既不符合当时的规范，也违背了时代的书写惯例。

四、关于明隆庆五年（1571年）和清道光二十四年（1844年）《唐昌黎伯韩文公故里碑》

《韩愈故里在修武》一书收录的明隆庆五年（1571年）和清道光二十四年（1844年）的两块《唐昌黎伯韩文公故里碑》，落款分别为"修武县知事黄中"（见图五）和"文林郎修武县知事菑川冯继照"（见图八）。

遍查二十五史《职官表》和《百官表》，并没有"知事"这一地方行政长官的官职称谓。那么现实中地方行政长官有无称"知事"呢？有！但它一不在中国，二不在中国的封建社会时期。原来，"知事"这一称谓只是日本地方行政长官的名称，目前仍在使用。由于历史的原因，日本地方官职名称一般都仿自中国古代，但由于日本只有县一级行政单位，而没有州、府、省等级别，虽然也称县的行政长官为"知某县事"，但通常被简化为"知事"。另外"知事"作为县级行政长官的称谓，在中国仅在"辛亥革命"之后使用过有限的一段时间。亦即推翻了封建帝王统治后，民国政府为了表示与封建专制朝代的区别，下令改变官职称谓。"总督"改称"都督"，"知县"改称"知事"。伴随着"北伐战争"的节节胜利，"知事"在中国作为县一级行政长官的称谓，也仅仅使用了不到15年的时间，便退出了历史舞台。

查阅《中华民国史》（中国社会科学院近代史研究所主持编纂，中华书局2011年版）可知：民国元年（1912年），孙中山宣誓就职临时大总统，改国号为中华民国，成立中华民国临时政府并定都南京后，对机构进行了改革。撤道，裁府、州、厅，存县，实行市、县两级行政管理体制。而袁世凯篡位后，又一度推行市、道、县三级行政管理体制。民国二年（1913年）元月，北洋政府规定县级行政长官一律改称县知事，县级行政机关也改称为县知事公署。可以说，这是在中国境内，县级行政长官称谓为"知事"的起始。到了民国十六年（1927年），国民革命军在北伐过程中，蒋介石于4月18日在南京成立国民政府后下令：自民国十六年（1927年）开始，县公署改为县政府，县知事改称县长。可以说，这是在中国境内，县级行政长官称谓为"知事"的结束。由此我们可知，"知事"作为县级行政长官的称谓，只存在于民国二年（1913年）至民国十六年（1927年）的15年间。

从这个中国境内县级行政长官称谓为"知事"的来龙去脉和使用过程，我们不难看出，《韩愈故里在修武》一书收录的明代隆庆五年（1571年）和清代道光二十四年（1844年）的两块《唐昌黎伯韩文公故里碑》上的落款，生生将中国境内县级行政长官称谓为"知事"的使用年限分别提前了356年和83年。

五、关于碑刻上的书法用笔

据民国《修武县志·金石》记载，时任修武县知县冯继照的书法"俱佳"。

从修武县现存的冯继照碑石书法"明月泉"（见图十）和"吴泽十八桥"，也完全可以看出，冯继照的书法在用笔上中锋内敛，圆润遒劲，风格不失婉丽端秀。但如果我们对照一下《韩愈故里在修武》一书收录的所谓清道光二十四年（1844年）的《唐昌黎伯韩文公故里碑》的书法用笔，却明显表现为中锋外露，笔道软弱无力，实非冯继照的书法风格。且其他四块碑的书法字体，虽在某些字的笔画上稍有变化，但在用笔上都与道光二十四年（1844年）的《唐昌黎伯韩文公故里碑》书法字体的用笔几乎一模一样，似乎出自一人之手。

图十　修武百家岩冯继照手书《明月泉碑》

六、关于石碑的剜刻和磨刮痕迹

宋熙宁三年（1070年）《唐韩文公故里碑》（见图一）上有多处剜刻的痕迹，改动的迹象比较明显。明隆庆五年《唐昌黎伯韩文公故里碑》（见图四）碑首的"碑记"二字，分明是后来刻制上去的，可以明显地看出碑上"碑记"两字的笔画是刻在碑首的线雕图案之上的。清道光二十四年（1844年）《唐昌黎伯韩文公故里碑》（见图八）也有明显的剜刻痕迹。特别是"唐昌黎伯韩文公故里"等字附近的水平面，明显低于碑的平面。出现这种状况只能说明是当时的刻碑者为了磨去原碑上的某些内容,更换新内容而留下的痕迹。

我们在从事历史研究时,得出的任何结论都必须建立在真实可靠的资料基础之上。只有这样,其结论才具有科学性和真实性,才有价值。而综上所述,《韩愈故里在修武》一书收录的所谓与韩愈有关的五块石碑存在这么多问题,难道修武的史家们没有注意到吗?这些问题的存在足以说明,这五块石碑的实际制作年代与碑刻上标记的年代不是一回事,碑刻所记载的内容值得怀疑,经不起推敲。因此,被修武县史学界称为"海内外研究韩愈故里及埋葬地提供了珍贵的实物资料""韩愈故里在修武的有力证据""解开了韩愈故里的千古疑问"的结论是不可能成立的。

根据《韩愈故里在修武》记载:"这五块石碑是1958年大炼钢铁时,修武韩愈后裔冒着巨大的政治风险埋藏起来的。"而我依据这五块石碑碑刻上出现的"知事"这个只是民国二年(1913年)之后才在中国境内县级行政区域使用的官职名称推断,《韩愈故里在修武》一书收录的所谓都与韩愈有关的五块石碑的实际制作的时间最早不会超过1913年,绝不可能是宋、明、清时代的碑刻。

《门谱》序文 天马行空
——驳《韩愈故里在修武》之二

《韩愈故里在修武》一书所罗列的所谓依据,很大一部分都来自于修武县韩氏提供的《韩文公门谱》(图一)。这部《韩文公门谱》的卷一主要是汇集门谱历次续修的序文。按照《韩愈故里在修武》一书的说法,修武县韩氏宗族规定,家谱每30年要续修一次。修武县《韩文公门谱》在唐大中十年(856年)立谱,公元1956年最后一次续修,按照30年续修一次的规定,自唐大中十年(856年)至公元1956年的1100年间应续修36次,但因天灾兵燹等原因,只续修了29次。加上创建立谱时的一次,共30次。"门谱"每次续修,都要撰写序文,记载各次续修的经过、延续和人员参与情况等。撰写序文的人员主要分三个层面:一是地方官员和文化名人;二是韩氏族人中有名望者或与韩氏有姻亲关系且有名望者;三是续修"门谱"者。从明洪武三十年(1397年)后,"门谱"序文主要由续修者自己撰写。下面我从《韩愈故里在修武》一书中节选的几篇序文入手,进行分析解读。

图一 修武县《韩文公门谱》

一、唐大中十年（856年）修武县令杜其所撰序文

杜其在唐时任修武县县令。清道光年《修武县志》记载：唐时"杜其，修武令"。不过没有任职的准确时间。

在杜其唐大中十年为修武县韩氏《韩文公门谱》撰写的序文中言："我官修武，与韩纩公至善。""云卿公文词独行中朝，退之文公乃华夏硕彦。"

这里杜其在序文中提到的韩纩公是谁？与韩愈又是什么关系？没有明确交代，不得而知。但杜其在序文中先是直呼韩愈叔父"云卿"的名讳，后又尊称韩愈的字"退之"，这不合规仪。

据史料记载，韩愈的几个父辈分别为：父仲卿，叔父云卿、坤卿。韩云卿是韩愈的叔父，官终礼部侍郎。中国古人特别是名人、文人一般都有名有字。名是出生后由父母起的，字则是成年后，为方便本人、同辈和晚辈书写时称呼，根据自己的名起的。这既是古人的一种习惯，也体现了一个人的修养。修武县时任县令杜其作为一个晚生后辈，无论在官职级别上还是在年龄大小上都与韩愈的叔父韩云卿相差很大，竟然会在文章中直呼韩愈叔父的名"云卿"，确实不可思议。这在古代是对前辈的侮辱，是大不敬。难道说作为修武县时任县令的杜其不知道这种习俗和规矩吗？可到后面称呼韩愈时怎么就没有称呼其名讳而改称为韩愈的字"退之"了呢？这是其一。

其二，时任修武县令杜其在序文中称呼韩愈为"退之文公"，不知出自于何处？又是什么意思？尽人皆知，"退之"是韩愈的字，而"文"则是韩愈病逝后朝廷赐予韩愈的谥号，"公"为后世对韩愈的尊称。在实际使用时，我们称呼韩愈，要么称韩退之，要么称韩文公，要么称退之公。称退之就不应再言文公。把"退之"和"文公"连在一起，

组成"退之文公"来称呼韩愈,既不符合常规,也有违语法常识。据我所查,在所有涉及韩愈的文章中,从没有出现过"退之文公"的称呼。

其三,时任修武县令杜其在序文中有言:"修武韩氏巨族也!南阳韩氏望族也!且巨族中仕宦累累也!"在短短的几句话中接连不断地重复使用"巨族""望族"这样的词汇,不知是根本就不懂汉语语法修辞,还是要急于强调点什么。

其四,时任修武县令杜其在序文中表示自谦时,曾连续使用了"吾才拙识浅,恐惹谢笑,义不容辞,班门弄斧"等几个词语和成语。不仅如此,而且是在杜其县令首篇序文中使用后,好像成了范文,在之后近千年的二十多篇门谱序文中这几个词语和成语屡屡被使用,或被稍加改动后使用。

其五,时任修武县令杜其在序文中,使用的成语穿越了时空。我们先说"班门弄斧"。"班门弄斧"这一成语,是唐代柳宗元提出后,宋代欧阳修第一次使用的。当时柳宗元在《王氏伯仲唱和诗序》中用"操斧于班、郢之门,斯强颜耳"以表示自谦。而欧阳修则是第一次把"班门弄斧"四个字联系在一起使用的文学家。在《与梅圣俞书》中,欧阳修说:"昨在真定,有诗七八首,今录去,班门弄斧,可笑可笑。"欧阳修在宋庆历四年(1044年)才创造的成语,杜其县令怎么在188年前的唐大中十年(856年)就开始使用了呢?下面我们再说"义不容辞"。"义不容辞"最早出现在明代小说家罗贯中创作的章回体小说《三国演义》的第58回:"且玄德既为东吴之婿,亦义不容辞。"难道说唐代的杜其县令又先于明代的罗贯中先生首创了"义不容辞"这一成语?还是"义不容辞"这一成语穿越了时空?

二、唐光启三年（887年）韩文公嫡孙韩绲所撰序文

序文言："颓当公十九世裔孙耆公，……魏明元帝封假安武侯……耆公子茂公，为后魏屡建奇功，战必胜，攻必克，魏太武帝赐升尚书令，……创建门谱以镶公为祖，始建茔地葬韩陂。……为充实宗谱，吾祖文公意欲……下至吾祖父文公，历千五百余年。"

韩绲是韩愈的孙子，韩昶的儿子，唐咸通四年（863年）状元。韩绲在序文中提到的"颓当""耆""茂""镶"等都是韩愈的先人。古人素来讲究名讳的礼仪，难道韩绲竟敢张口就来，毫不避讳吗？

唐代避讳的风气十分浓重，甚至影响到一个人的命运。据史书记载，被称为唐代"诗鬼"的李贺，因其父名晋肃（虽"晋"非"进"，但也必须避讳），所以，李贺不得举进士。韩愈曾为此作《讳辩》，驳斥超出情理之外的避讳习俗，鼓励李贺应试，但无奈"阍扇未开逢猰犬"，"那知坚都相草草"。由于礼部官员的昏庸草率，致使李贺虽应举赴京，却未能应试，一生抱负无展，愁苦多病，仅做过3年从九品的微官奉礼郎，27岁就因病而卒。由此可知"避讳"在唐代影响有多大。难道说因为韩绲是韩愈的孙子就允许不必避讳吗？这是其一。

其二，序文又有言："人非草木，岂容忘本耶。"

须知"人非草木"这一成语，出自明代小说家施耐庵的章回小说《水浒传》第十七回："众人道：'上复观察，小人们人非草木，岂不省的？'"这就是说，在明代之前尚不存在的成语，怎么唐代的韩绲就用上了？难道说是韩绲首创的不成？可遍查目前流传于世的数千条成语，还没有找到韩绲的任何贡献。莫非"人非草木"这一成语，也穿越了时空？

其三，序文再言："为充实宗谱，吾祖文公意欲沿流溯源，将残次

之族谱考证其详,未果。吾父继而考之,亦未果。吾辈未登仕途,每有暇晷,继续稽考。"

这就奇怪了,在唐大中十年(856年)修武《韩文公门谱》的首篇序文中,修武县令杜其就已经"顿首拜撰",说明修武韩氏宗谱当时就续修成功了。那么为什么31年后的唐光启三年(887年),韩绳还要说,宗谱是韩愈、韩昶、韩绳"历经三世努力奋斗,志诚而恒",才"终获成功"的。难道说韩愈祖孙三代根本就不知道修武已有韩氏宗谱了吗?

三、北宋元祐六年(1091年)修武知县张埜所撰序文

序文言:"自镶公于后魏季徙居修武,其后裔创建族谱尊为始祖。至唐中叶,文祖崛兴,其受尊为门之始祖,建门谱亦自文公始。"

"文祖崛兴"是什么意思?"文祖"是谁?是指韩愈吗?

关于门谱,据主要从事中国家谱、祠堂文献的整理研究工作的上海图书馆原党委书记兼历史文献研究所所长王鹤鸣研究员的《中国家谱史》介绍,"门谱"这种体例形式是清代晚期才出现的一种文学体例形式。而修武县时任知县张埜在北宋元祐六年(1091年)就在序文中说出了"建门谱亦自文公始"的话。是修武县在中国文学史上创造的奇迹未被发现,还是修武县的《韩文公门谱》又一次穿越了时空?

四、北宋宣和四年(1122年)郑州知州韩持正(字存中)所撰序文

序文言:"更有吾门之始祖文冠八家韩文公,为国立下了不朽的功勋……在修称为望族,……散居山南河北以及域外,其盛何哉。"

研读韩持正的序文,我们发现了两个不可思议的问题。一是"文

冠八家"一词的出处。很明显"文冠八家",也就是"八家"之首的意思。而据有关文学史史料记载,首次将唐宋两朝的韩愈、柳宗元、欧阳修、苏洵、苏轼、苏辙、王安石、曾巩这八位散文家合称为"唐宋八大家",是在明朝啊!

明代的"唐宋派"散文家茅坤(1512—1601年),在翰林院编修元代学者朱右(1314—1376年)编纂的《六先生文集》(其中,苏洵、苏轼、苏辙合称为"三苏")16卷的基础上,增编文章,并将"三苏"分开,重编为《八先生文集》和《唐宋八大家文钞》144卷,作为古文学习的典范。自此,在中国文学史上才开始将唐宋两朝在散文创作中最著名的八位作者合称为"唐宋八大家",并逐渐广为人知。可这篇写于北宋宣和四年(1122年)的序文却提出了"文冠八家"这个词。难道说这又是修武县在中国文学史上的一大发现?或者说明代的文学家茅坤是个不道德的抄袭者?

二是序文中"在修称为望族"中的"修",指的是哪里?是修武的简称吗?可遍阅史料,这个简称也只是在这里才有出现。

五、元朝至元二十一年(1284年)许衡所撰序文

让我们屏住呼吸,读一读元代文豪许衡的这篇序文:

今修武韩氏,余孽子新联姻之岳氏也。……自后魏季徙居修武安阳城。隋末世乱,避乱又徙居南阳城,即今之修武县城。人才辈出,遂为望族,创建族谱,迄今七百五十年有年矣!祖孙二十七世,子孙蕃衍,固为修武旧巨族也!……自唐季各门派增建门谱,文公之门谱益详,谱列三门益明。……旧规三十年一续修,……迄今又满三十年也。……谱既成,适逢年节,余旋里省亲,……亲家修书,委托……

求之为序。余才拙识浅,恐负重望,但念亲家重托,韩文公又实吾师也!……义不容辞,遂欣然援笔。……集贤殿大学士兼国子监祭酒河内许衡拜撰。

读了这一篇序文,不禁会使人哑然失笑。作为元代著名的理学家、教育家的许衡,怎么会写出如此佶屈聱牙、不堪卒读的文字呢?怎么可能在韩愈此等大文豪家族的宗谱序文中出现乱用"也""矣"等虚词呢?甚至其中还存在有词不达意、语句不通的错误。如表明其子同修武韩氏联姻时的"岳氏",让人看后莫名其妙,不知要表达的是何意指。同时,明代以后才开始使用的成语"义不容辞",在元代许衡的序文里又穿越了一次。读之让人汗颜。

而更让人惊愕的还在于许衡的生卒时间。据正史记载:许衡出生于元太祖四年,也就是公元1209年;卒于元忽必烈至元十八年,也就是公元1281年,享年七十三岁。而《韩愈故里在修武》一书收录的却是元代至元二十一年许衡撰写的修武《韩文公门谱》序文。也就是说,许衡的这篇序文写于公元1284年,而此时,许衡已逝去三年了。难道又是正史错误?修武县《韩文公门谱》补正了史书之误吗?

六、其他几篇序文

金大定二十四年(1184年)怀孟路副使辛甲序文中写道:"修武韩氏族望得望公和吾之内兄得中公修书,委托河内县……虽不善文,但亲家以礼所求,义不容辞……此谱建于唐代大历二年,……中书自名及字号和简传,……"

清嘉庆二十年(1815年)知修武县事杨廉序文中写道:"……当之无愧南阳之望族也……无论亲疏贵贱,虽平日不相识,……"

清道光二十三年（1843年）文公三十二世裔孙韩耿洲序文中写道："北宋元丰七年……因而后裔尊为门之始祖。……徙居孟邑小韩庄一支三十三世裔孙九龄，承袭了翰林院五经博士，……而学礼竟站在马冯营村民一边，……"

统观《韩愈故里在修武》一书收录的修武县《韩文公门谱》卷一的几十篇序文，似乎每篇都貌似文言文格式。但文中却大量出现了"五四"新文化运动之后主张白话文才开始使用的词语和语法。如"内兄""祖父""以及"等等。无数次的用词穿越，真是有点关公战秦琼的味道。而这一现象绝不是有些朋友所说的"偶尔出现使用现代词"。我不知道修武县韩愈研究会的专家学者们注意到了这一点没有，这又该做何解释呢？

综上所述，《韩愈故里在修武》一书所依据的《韩文公门谱》序文，是经不起考证和推敲的虚假资料。自然，以此为依据所得出的结论也是不可能成立的。故，韩愈故里在修武根本就是个伪命题。

两地韩氏　本是同宗

——驳《韩愈故里在修武》之三

《韩愈故里在修武》一书，依据修武县韩氏《韩文公门谱》中"明万历年间徙居河内王贺（今博爱县王贺村）的韩法祖，以韩文公后裔并凭自己的举人身份，承袭第一代翰林院五经博士"的有关记载，得出了"韩法祖根本就不是孟县人"的结论。又根据修武县韩氏《韩文公门谱》的序文、世系传承表和五块石碑有关记载的综合研究，得出"这些都说明孟州（县）韩氏与修武韩氏的宗族关系，孟州（县）韩氏根在修武，是从修武迁往孟州（县）的韩愈后裔"的结论。意思就是说，孟州根本就不是韩愈故里，韩愈故里在修武。

那么韩法祖究竟是哪里人？孟州韩氏与修武韩氏到底是什么关系呢？

中国第一历史档案馆宫中朱批奏折卷中，保存有乾隆四十八年（1783年）河南巡抚李世杰的奏折。这篇奏折详细记载了韩愈的子孙传承关系，以及孟州、修武两地韩氏的渊源、承袭和矛盾起因等相关内容。

李巡抚的奏折全文如下：

窃查孟县五经博士韩法祖病故无子，所遗世袭博士一缺，应于韩氏宗支内遴选合例之人承袭。经前抚富勒浑以韩法祖生前欲立为嗣之修武县武生韩伯虎，及经前县议请承袭之近支韩进宏，均因控争立继，图谋袭职，皆非人品端正。另选现在业儒之韩九龄，咨请承袭博士。其韩伯虎既系韩法祖生前择爱立继、听为韩法祖之嗣等因，咨准部复在案，嗣据韩进宏听从族兄韩进贵主使，赴九门提督衙门，呈控韩伯虎并非同宗，今继为韩法祖之子，将名刊入家谱，将来恐致紊乱宗支，请将韩伯虎之名于谱内销除等情。经提督衙门奏明，交于礼部办理。复据礼部查明，以韩伯虎业据该抚送部印图内，注明昭穆相当字样，似无疑义。是否韩进宏图谋袭职不遂，挟嫌呈控，请旨将韩进宏交前抚臣富勒浑，转饬该府县查明，确实具奏。

奉旨"知道了，钦此"。

随据将韩进宏解回豫省。

前抚臣富勒浑行司转饬该府县，确查韩伯虎是否确系文公嫡系，抑系同姓不宗，务得确据，以凭办理。

嗣臣接任复查，案严催去后，兹据布政司李承邺转据许州知州邵一联等详称：韩法祖七世祖玉珍与韩伯虎八世祖玉环系同胞兄弟，玉环迁居修武，现有宗祠及文公故里碑碣，班班可考。韩法祖生前往来与祭，保邻均皆见知。且查乾隆二十一年间，韩法祖曾选举韩伯虎堂兄韩金为修邑奉祀生，后虽裁汰，其印文卷案俱在。则玉环一支为文公后裔已确切有据。

查承继与承袭不同，承袭以守墓奉祀为重，承继则以生养死葬为重。故继在近宗，属疏不间亲。即，继在远宗，亦属亲不妨爱。今韩法祖已故，伊妻赵氏患病经年，生养死葬均系韩伯虎一力经理。前议以韩伯虎准其承继法祖，正与乾隆四十年"应听孀妇择其属意之人，庶穷嫠得以母子相安"之谕旨符合。应请俯照前议，仍以韩伯虎承继韩法祖为嗣。饬令韩氏于家谱内详悉开载，以免日后再启争端，并请嗣后总以玉珍之后咨部承袭。

其韩伯虎虽为韩法祖继子，但现因结讼有案，其子孙永远不准承袭，庶足重嗣典而杜觊觎！至韩进贵于部复之后，嘱令韩进宏赴京具控，虽因韩伯虎住居隔县，支派未明，与无端挟嫌有间，究属不合。应照"不应"重律，杖八十。年逾七十照律收赎。韩进宏听其主使，应理减一等，杖七十，折责发落。粟生辉并无架名代控，孟县经承亦无舞弊捏填情事，应毋庸议。并取具遵依甘结，绘具宗图及摹揭各祠内碑记，详送前来，臣复核无异。除将全招送部查核外，理合将查明审拟缘由，恭折奏请圣鉴，伏乞敕部核复后施行。

谨奏。

乾隆四十八年三月十五日。

乾隆四十八年（1783年）河南巡抚李世杰的这篇奏折，明白无误地说明了以下几个方面的问题：

第一，韩法祖是孟县人。

奏折中首句的"窃查孟县五经博士韩法祖病故无子"，十分清楚地肯定了韩法祖既不是修武县人，也不是河内县人，他就是孟县人。并非如修武县韩氏《韩文公门谱》中记载的那样，"乾隆三年（1738年），经修武韩氏族中公议推荐，家住河内县（今博爱县）王贺村的韩愈三十代孙韩法祖被授予世袭翰林五经博士之职"。

关于韩法祖世袭翰林院五经博士爵位，以及韩伯虎嗣子身份等情况,河南三任巡抚——雍正年间的田文镜、乾隆年间的富勒浑和李世杰都向朝廷上过奏折。作为河南巡抚如此高级别的朝廷命官,在向皇帝上奏折时,不可能连奏事的主角韩法祖是哪里人都搞不清楚。若如此,那就不仅他这个巡抚会丢乌纱,甚至会脑袋不保。因为这是欺君大罪。

第二,修武韩氏确为韩愈后裔,其先祖韩玉环是从孟县迁居修武的。

奏折中说,"韩法祖七世祖玉珍与韩伯虎八世祖玉环系同胞兄弟,玉环迁居修武","则玉环一支为文公后裔已确切有据"。由此可知,韩玉珍和韩玉环是同胞兄弟。孟县韩氏是韩玉珍的后代,修武韩氏是从孟县迁居修武的韩玉环的后代。孟县韩氏和修武韩氏都是韩愈的后裔。

第三,冯继照不可能为修武县撰写韩愈确系南阳修武县人的碑文。

从奏折中可知,对于河南巡抚这封涉及韩愈里籍、后裔的奏折,乾隆皇帝是十分重视的,并做了朱批。既然乾隆皇帝在奏折上做了御批,就说明乾隆皇帝已经恩准了奏折中所奏之事。也就是说在这件事上皇帝已有了圣旨。在当时那个年代,圣命不可违是铁律。先皇的圣旨即使到了道光年间,也是具有不可抗拒的法律效力的。一名小小的七品知县冯继照是绝对不敢越雷池半步的。否则,冯继照将有僭越之罪——欺君之罪。这在封建社会是重罪,是可能会被满门抄斩的。所以说,道光二十四年的修武县知县冯继照是不可能做出与乾隆四十八年圣旨相反的结论,为修武县撰写韩愈确系南阳修武县人的碑文。

那么,究竟是什么原因使同为韩愈后裔的孟县和修武韩氏反目为仇呢?

乾隆五十四年户部主事冯敏昌撰写的《孟县志》卷六《世袭》一节中,对韩愈后裔世袭翰林院五经博士有以下记载:

韩法祖：唐韩文公三十代裔孙，国朝乾隆三年题准：世袭翰林院五经博士。

韩九龄：文公三十三代裔孙，乾隆四十八年题准承袭。

谨按韩文公裔孙世袭五经博士之设，乃我国朝尊崇正学扶树斯文之意，旷千古而独出，历奕世而弥昭者也。粤自宋元丰后，历代以公从祀圣庙，至于我朝不改。然其庐墓之所在、后裔之所托，则宋元之间未尝有过而问焉者也。迨明初，耿侍郎裕过孟，闻有韩庄及公墓所在，始表祠之。而此后之人始知公有子孙世守坟墓奉祭祀。于是或建飨堂（如成化间邑令严鸣），或碑公墓（如嘉靖间邑令邢贤），或请立奉祀生并制祀田（如天启崇祯间郡守石维岳），而公之遗裔亦赖以不坠。至我朝，雍正间至乾隆元年，豫抚田公（田文镜）、富公（富勒浑）等，加意访问文公后裔，诸得确据入奏。至乾隆三年，遂蒙圣恩准令文公三十代孙法祖世袭博士，诚为非常盛典，高出前代万万矣！独是，题请之时，韩法祖绘有宗图，曾经详院达部。然其后图俱霉损，幸其宗派名次尚见于乾隆三十三年法祖控韩立正仇继呈内，确凿可据。缘系法祖与立正互控，而乃叙其祖与巳祖同出玉珍者历历也。盖其图自文公下二十四代孙玉珍起，至三十代法祖辈止。后于四十二年缘韩法祖以择继承祧，上陈藩宪饬取宗图，族人韩进贵又因前图续绘至三十二代进广辈止，卷存县房。随于四十八年，缘韩九龄应续袭博士，复因前图绘至三十三年，九龄一辈亦经报部。今按世袭乃朝廷大典，况以大贤后裔，而前此内外多故纷纭不已，直为从前达部宗图未经刻出所致，今后各图倘复更有遗失必致又增事端。故兹于志前合并三次所绘共成一图，而县令仇汝瑚兼细查博士九龄以下现在一辈人数，并列下方，以重先贤嫡裔，将见世臣门第与乔木而俱高，先哲云礽并胜地而俱永矣。

看过乾隆《孟县志》的这一段记载之后，我们再回过头来结合乾隆四十八年（1784年）河南巡抚李世杰的奏折及其他文献资料进行解读，就明白了为什么同为韩愈后裔的孟州（县）韩氏和修武县韩氏会同室操戈，反目为仇了。

通读乾隆四十八年河南巡抚李世杰的奏折可知，韩玉珍和韩玉环为同胞兄弟，同为韩愈后裔。其中，韩玉珍及其后人一直留守孟县发展，而韩玉环则迁徙到修武县谋生。乾隆三年（1738年）朝廷把韩愈后裔世袭翰林院五经博士的第一代爵位，授予了留守孟县的韩愈后裔韩法祖。

韩法祖，韩愈第三十代裔孙，生于康熙三十三年（1694年），卒于乾隆三十九年（1774年），享年81岁。韩法祖的父亲韩上是朝廷册封的韩愈后裔奉祀生。为了提高先贤韩愈的祭祀规格和韩愈后裔的社会地位，韩法祖通过县、府、省衙门向朝廷呈递了《请题博士状》。雍正四年（1726年），时任河南巡抚田文镜经过核查确认了韩法祖的身份后，向雍正皇帝上了"请授予韩法祖世袭翰林院五经博士"的奏折。对于这本奏折的所奏事项，乾隆即位后朝廷又令河南巡抚富勒浑再对韩法祖的身份进行核实。富勒浑经核查后，向乾隆皇帝上了奏折，再次确认了韩法祖的韩愈嫡系后裔身份，及其"欲立为嗣之修武县武生韩伯虎"。富勒浑任河南巡抚的时间在乾隆元年（1736年）。根据河南巡抚的奏折，乾隆三年（1738年），礼部正式授予孟县韩愈第三十代裔孙韩法祖"世袭翰林院五经博士"爵位，并赐"韩文公后裔世袭翰林院五经博士官防"铜印一方。由此我们可以看出，当时朝廷在授予韩法祖翰林院五经博士爵位时，是非常严肃和严谨，并经过数次反复核实认定的。

韩法祖作为孟县的韩愈后裔被朝廷授予首任"世袭翰林院五经博

士",是相当荣耀和自豪的。但遗憾的是他无有子嗣,且由于家族内部不愿外道之原因,他并不计划在孟县韩愈后裔中立嗣,而是准备立修武县同为韩愈后裔且昭穆相当的武生韩伯虎为嗣。对此韩法祖相当重视,他先把这一意见上报给礼部,经礼部同意后才把韩伯虎的嗣子身份写进宗谱图内,并再将宗谱图上报至礼部存档:"复据礼部查明,以韩伯虎业据该抚送部印图内"。

乾隆三十九年(1774年),韩法祖病逝。由于"其所遗世袭博士一缺"的承袭,事关家族延续和先贤祭祀问题。因此,有关部门也征询过韩法祖的妻子赵氏的意见("应听孀妇择其属意之人,庶穷嫠得以母子相安")。因韩伯虎确实对韩法祖夫妇尽了生养死葬义务,所以其同韩法祖的承继关系应予认可,从而对五经博士爵位的承袭顺理成章。对于韩法祖不在孟县韩愈后裔中选择立嗣,而立修武县韩愈后裔韩伯虎为嗣的做法,和韩伯虎承袭翰林院五经博士的现实,孟县的韩愈后裔,尤其是韩法祖的近支族人,虽牢骚满腹,责怨不绝,疾首蹙额,心有不甘,但由于韩伯虎的嗣子身份已得到了前任河南巡抚富勒浑的确认,并在礼部备了案,他们也自知回天乏力、无可奈何,便只好忍气吞声、强咽苦果。

乾隆四十六年(1781年),韩法祖的遗孀赵氏病逝。韩伯虎埋葬了继母之后,又迁回了他的原居地修武县居住("韩伯虎住居隔县")。当然,也就把世袭翰林院五经博士的这一"爵位"带到了修武县。这一变故的出现,意味着朝廷授予韩愈后裔的世袭翰林院五经博士爵位,以后将由韩伯虎开始在修武县世代相袭,与孟县的韩愈后裔无干。这立即引起了孟县韩愈后裔的高度重视和严重关切。于是,留守孟县的韩愈第三十一代裔孙韩进宏,便在其族兄韩进贵的主使下,写了诉状,与孟县讼师栗生辉一起进京,到九门提督衙门控告韩伯虎。他们告状的理由是:"承继与承袭不同,承袭以守墓奉侍为重,承继以生养死葬为重","韩伯虎并非同宗,今继为韩法祖之子,将名刊入家谱,将来恐致紊乱宗支"。呈请九门提督衙门"将韩伯虎之名于谱内销除",并剥夺他的翰林院世袭五经博士爵位。

反映此诉讼的奏折经九门提督衙门转呈礼部,再由礼部转呈皇帝御览。乾隆皇帝对奏折进行了御批:"知道了,钦此。"随后,礼部又将乾隆皇帝的圣旨,以及此案的主诉人韩进宏等交由河南巡抚衙门进行再审理。时任河南巡抚李世杰对此事进行了审理。经过对孟县和修武县韩愈后裔关系,以及五经博士承袭等问题的重新调查,时任河南巡抚李世杰完全赞同前河南布政司李承邺,以及曾在怀庆府任职,现已调任许州知州的邵一联关于韩法祖、韩伯虎承继关系等问题的调查报告。在报告中,巡抚李世杰驳回了韩进宏的"韩伯虎并非同宗,今继为韩法祖之子,将名刊入家谱,将来恐致紊乱宗支"的诉求,认为"玉环一支为文公后裔已确切有据",准予修武县韩愈后裔韩玉环的后人韩伯虎承继孟县韩愈后裔韩玉珍的后人韩法祖为嗣,并"饬令韩氏于家谱内详悉开载,以免日后再启争端"。

与此同时,河南巡抚李世杰对诉讼中最为核心的翰林院五经博士承袭问题也毫不含糊,十分明确地指出:"韩伯虎虽为韩法祖的继子,但现因结讼有案,其子孙永远不准承袭,庶足重嗣典而杜觊觎!"并裁定自此之后,世袭翰林院五经博士一职"总以玉珍之后咨部承袭"。韩进贵、韩进宏则因"赴京见控","究属不合",分别"重律杖八十","杖七十","另选现在业儒韩九龄,咨请承袭博士"。讼师"栗生辉并无架名代控,孟县经承亦无舞弊捏填情事,应毋庸议"。

乾隆四十八年(1783年),河南巡抚李世杰又把此案件的调查情况,以及处理结果写成折子上报乾隆皇帝御批:"并取具遵依甘结,绘

两地韩氏 本是同宗

具宗图及摹揭各祠内碑记,详送前来,臣复核无异。除将全招送部查核外,理合将查明审拟缘由,恭折奏请圣鉴,伏乞敕部核复后施行"。

乾隆皇帝对河南巡抚李世杰于乾隆四十八年所上的奏折御批档案我们目前尚未查到,但孟县的韩愈后裔韩九龄却是实实在在地在乾隆四十八年承袭了翰林院五经博士一职。并且自此之后,翰林院五经博士爵位的承袭者一直都是孟县韩愈后裔韩九龄的后人。他们依次为韩锡爵、韩学礼、韩孟兰。只是进入民国以后,韩愈的第三十七代嫡孙韩绥荣和第三十八代嫡孙韩思道所承袭的官名才改称为奉祀官。但清廷赐予韩愈后裔的"世袭翰林院五经博士关防"铜印却仍由他们世守。

据现孟州市西武章小韩庄现存的《韩文公家谱》记载:"韩伯虎死后葬在孟县,其子韩江、韩汗返原籍修武县。"冯敏昌在编写《孟县志》时,根据韩法祖、韩进贵、韩九龄上报至礼部备案的《宗派图》,绘制出《韩文公后裔嫡派宗图》(见图一)收录进县志之中,并在图内有明确的说明"嗣子伯虎止,准过继。其子孙永远不许承袭"。

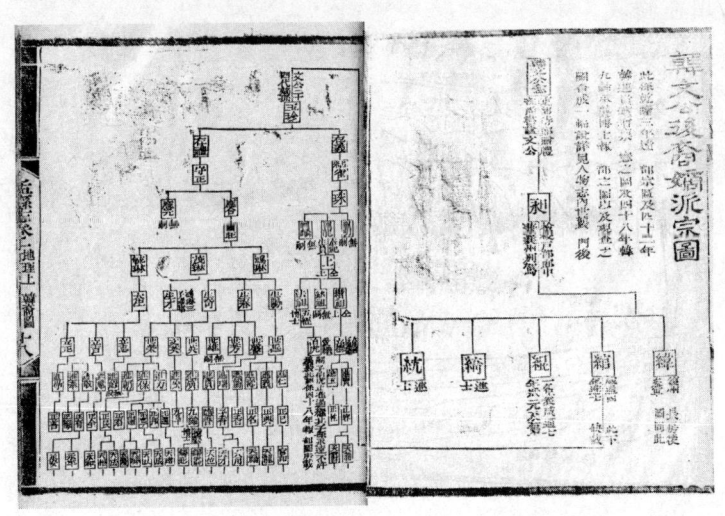

图一 乾隆《孟县志·韩文公后裔嫡派宗图》

至此我们完全可以明白，正是由于上述这一诉讼案件所致，虽然朝廷承认了修武县韩氏韩愈后裔的身份，但修武县韩愈后裔却丧失了承袭翰林院五经博士的资格，而孟县的韩愈后裔则独享了承袭翰林院五经博士爵位的资格。就这样，同为韩愈后裔的修武县韩氏与孟县韩氏结下了世仇。

　　对于孟州现存的《韩文公家谱》中为什么没有修武县韩氏相关记载的问题，我们认为这可能是因为乾隆四十八年后，孟州韩氏根据御批奏折中"其子孙永远不准承袭"的批文，在续修时把原谱中修武县韩氏的有关内容全部删除造成的。

　　由此，我们也不难想象，修武县的韩氏后人为了恢复他们对于翰林院五经博士的承袭资格，扭转自乾隆四十八年后"永远不许承袭"的被动局面，抚平孟州韩愈后裔在翰林院五经博士世袭问题上对自己造成的伤害，排泄憋在胸中的怨气，而不惜人力物力，去伪造大量诸如《韩文公门谱》、五块石碑等这些与史实严重不符的资料，以自证韩愈的故里在修武。

　　本是同根生，相煎何太急。

附：

韩文公后裔嫡系派宗图

乾隆《孟县志》中收录有《韩文公后裔嫡系派宗图》，也就是《韩文公家谱》。一家之谱，收录入县志之中，这在全国都是十分罕见的，现抄录如下：

此系乾隆三年达部宗图，及四十二年韩进贵续增禀宪之图，及四十八年韩九龄承袭博士报部之图，以及现查之图合成一幅，说详见人物志内世袭一门后。

一代
韩文公愈：吏部侍郎赠礼部尚书谥文公。生一子，昶。
二代
昶：检校户部郎中，兼襄州别驾。生五子，纬、绾、绲、绮、纨。
三代
纬：复州参军。长房后图同此。
绾：咸通四年进士（孟县韩氏应为韩绾后代，此下缺载，至二十四代嫡孙玉珍）
绲：一名衮，咸通七年状元及第。
绮：进士。
纨：进士。
二十四代

玉珍：生二子，存义、存礼。

二十五代

存义：生一子，粘雀。

存礼：生一子，守正。

二十六代

粘雀：生一子，珠。

守正：生二子，应合、应元

二十七代

珠：生三子，国明、国龙、国麟。

应合：生一子，国旺。

应元：无嗣。

二十八代

国明：无嗣。

国龙：奉祀生员，生一子，上。

国麟：无嗣。

国旺：生三子，鸿琳、茂琳、毓琳。

二十九代

上：奉祀生员。生三子，缵祖、绍祖、法祖。

鸿琳：生三子，生阳、生春、生奇。

茂琳：生一子，生才。后鸿琳三子过继。

毓琳：生一子，大生。

三十代

缵祖：奉祀生员，无嗣，大生四子立德过继。

绍祖：无嗣。

法祖：五经博士。嗣子伯虎。

生阳：生一子，世延。

生春：生三子，世馨、世芳、世雄。

生奇：生三子，世英、文英、世荣。

生才：无嗣。

大生：生三子，立志、立吉、立正。

三十一代

立德：生二子，进宝、进玉。

伯虎：嗣子伯虎正准过继，其子孙永远不许承袭。此语系四十八年报部图所载。

世延：生四子，进仁、进义、进寿、进儒。

世馨：生一子，进瑞。

世芳：生一子，进贵。

世雄：无嗣。

世英：生一子，进广。

文英：生一子，进宏。

世荣：生三子，进力、进保、进朝。

立志：生一子，进禄。

立吉：生三子，进魁、进敬、进奉。

立正：生一子，进学。

三十二代

进宝：生一子，正容。

进玉：生一子，正性。

进仁：生一子，正己。

进义：生一子，正兴。

进寿：生一子，正名。

进儒：生一子，正香。

进瑞：生一子，子香。

进贵：生一子，随香。

进广：生一子，九龄。

进宏：生一子，九皋。

进力：生四子，正还、正邦、正宁、正道。

进保：生一子，正君。

进朝：生一子，正民。

进禄：无嗣。

进魁：生一子，正全

进敬：生一子，正有。

进奉：生一子，正梅。

进学：生一子，正善。

三十三代

正容：生二子，天龙、天爵。

正性：无嗣。

正巳：生一子，官印。

正兴：生一子，天龙。

正名：和一子，天福。

正香：无嗣。

子香：生二子，天用、天才。

随香：生一子，天位。

九龄：续袭博士。生二子，锡爵、锡彤。

九皋：无嗣。

正还：生一子，天增。

正宁：生二子，天成、天长。
正道：生二子，天良、天祥。
正君：无嗣。
正民：生二子，天法、天相。
正全：生一子，永和。
正有：生二子，永平、永安。
正梅：
正善：

孟州韩园　不容置疑

——驳《韩愈故里在修武》之四

《韩愈故里在修武》一书，有一个非常荒谬的观点，那就是："乾隆五十四年（1789年）前，世上根本没有韩愈故里在孟州一说，孟州人甚至不知道韩愈墓的准确位置。"为了支持他的这种观点，书中有

图一　孟州韩愈墓山门

这么一段话:"假设文公故里就在孟县,文公后裔在这里世守先绪。那么他们每年都要到自己的望祖文公墓那里祭扫,其墓址自是十分确定。可为什么却要经过乔腾凤、冯敏昌等人的反复考证呢?孟县的文公后人在此之前却要去哪里上坟呢?相反,在修武,韩氏祖茔世称韩陂。韩愈曾在诗里说'生兮耕吾疆,死也葬吾陂'。此处的韩愈墓至今仍被当地村民俗称为'韩王冢',这不很说明问题吗?"

这段话听起来似乎很有道理。但是,在讨论这个问题之前,我们有必要清楚两点:

其一,乾隆《孟县志·墓葬》一章内记载有乔腾凤和冯敏昌考证韩文公墓的文章,可以从两个人的考证文章中看出,不论是乔腾凤还是冯敏昌,他们的考证都没有否认韩愈墓在韩庄后岭紫金山半山腰这个事实。

图二 孟州韩愈墓前飨堂

其二，乔腾凤的考证虽然提出了"苏庄祖茔地的一座大冢有可能是韩愈墓"，他也仅是按照《韩昶墓志》出土地点和《玉髓经》的经文进行推论，而提出了自己的疑问，但并没有否认韩庄的韩愈墓。冯敏昌从来就没有怀疑过韩愈墓在韩庄，他在五经博士韩九龄的陪同下拜谒韩愈墓时，还新发现了两件实物证据：一件是明嘉靖年间孟县知县邢贤《谒墓诗碑》，一件是明代弘治年间韩文公墓铁香炉。他以实物证据来进一步证明韩庄后岭的古墓就是韩愈墓，并对乔腾凤依据《玉髓经》的经文来推算韩愈墓所在位置的方式提出了质疑。

图三 孟州韩愈墓唐柏双奇

哪个人不知道自己的祖辈、父辈故后埋在什么地方呢？现实问题是，若问一个人往上推几十辈之前的先祖埋在哪里，又有几个人知道？尽管韩愈是中国历史上一位了不起的人物，对中国历史，特别是在文学史和思想史发展方面影响巨大，但他毕竟是一位文人，最高官

孟州韩园 不容置疑

职也不过是吏部侍郎，历史上有多少帝王将相的墓冢都淹没在历史长河中，何况一个文官？也正因此，为了对历史负责，为了对后人负责，为了对朝廷负责，才有了乔腾凤、冯敏昌老先生的考证。

图四 孟州韩愈墓冢

孟州位居中原，历来为兵家必争之地，战争频繁。韩愈死后不足百年，唐朝灭亡，随之而来的是更加混乱的"五代十国"，战争连年不断，对当地的人民生活和社会安定造成极大的破坏。史书上是这样描写的："自怀、孟、晋、绛数百里间，州无刺史，县无令长，田无麦禾，邑无烟火者，殆将数十年。"（《新五代史》）人员大量流亡，新居民不断重新迁入。据史料考证：孟州现居民，百分之九十为明代早期或中期由山西等地迁徙过来。孟州市现有的274个村庄中，自唐代沿用至今的村名仅有20多个，但其中就包括庙底村（韩湘墓在此）、仵界堡村（今天的西武章村一带，韩氏宗祠就在这里）、尹村（今天赵和镇的苏州村，韩氏祖茔）、虢村（张建封墓地），这在一定程度上也为考证孟州为韩愈故里提供了佐证。

《韩愈故里在修武》一书除上述讪论外，还有一段话是这样说的："大家再想想，从韩愈去世（824年）到乾隆五十四年（1789年）已有九百六十五年。九百六十五年，孟县人（包括孟县的韩氏族人）一直不清楚如今韩园里的那个大冢就是韩愈墓，'墓址确否在此，尚无定论'。原因是什么？"

连这样的话都敢在书中出现，只能说明作者和编者的孤陋寡闻或饰智矜愚。在此，我仅根据自己所掌握的文献资料，将唐宝历元年（825年）至清乾隆五十四年（1789年）之间，流传下来的有关文人骚客们纪念韩愈、凭吊韩愈墓的诗文和有关记载公示于众，请各位专家、广大读者以及《韩愈故里在修武》的作者共同质证。

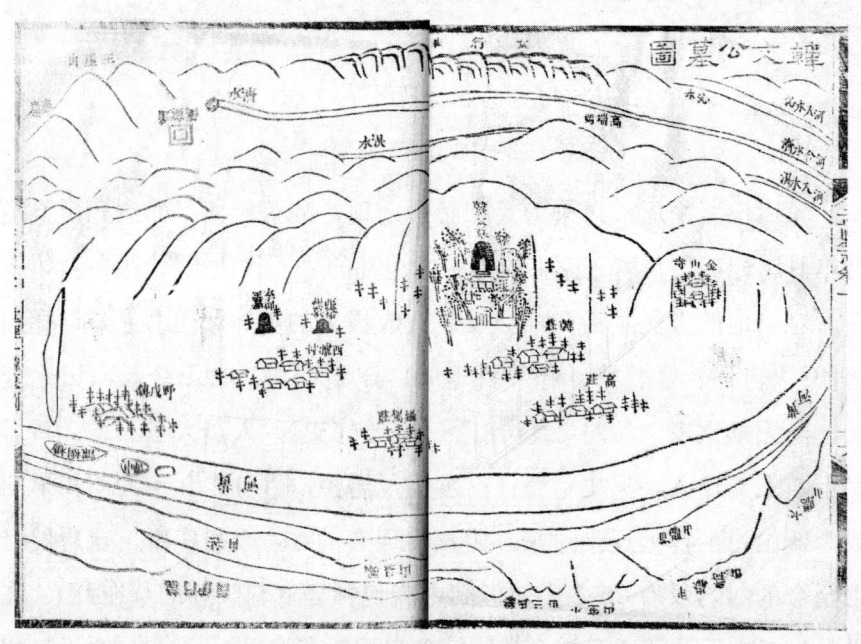

图五　乾隆《孟县志》韩文公墓图

唐代诗人张籍在怀念好友韩愈的悼文《祭退之》中就已明确提到了韩愈的"旧茔盟津北"。这里的"盟津",并非指现在黄河南岸洛阳市的孟津县,而是专指当时位于今天洛阳市吉利区的一处黄河渡口。自殷商至二十世纪七十年代,这个渡口的所在地就一直属于孟州市管辖。"旧茔盟津北"确切地告诉大家,韩愈家的祖坟就在"盟津"渡口的北边。而位于孟州市苏庄村的韩氏祖茔,其方位正好就在现洛阳市吉利区老黄河渡口的北边。

明代成化年间,户部尚书耿裕(1430—1496年)过孟时写了《孟县韩庄考》。其中就有"……若以史为的,史之所误不一,先人又引'晋启南阳'为说,又云今怀、孟州皆春秋南阳之地,独为得之。然今只以集中所云及据墓碑为当。西旋过孟,闻有好古者必能兴崇表历,云尔诗云乎哉!文公生此邑,豪杰古今推……"可见,耿尚书是准确知道孟县韩庄有韩愈墓的。

明代著名学者、名宦,生于武陟县而定居在沁阳的何瑭(1474—1543年)在撰著的《孟县改建韩文公祠记》中说:"……河阳,于国朝为孟县。县之西有韩庄,传以为公族所居。庄有冢,传以为公墓……"在此,何瑭更是明白无误地说明了韩愈墓就在孟县的韩庄村。

明浙江奉化人王谔(1426—1506年),过孟县时曾赋《谒韩文公祠》诗一首以凭吊韩愈。诗云:"骨肉相逢幸不孤,朔风吹雪满头颅。一封正气青天在,八代衰文赤手扶。犹有篇章传道路,岂应香火托浮屠。庙市下马瞻依地,却愧经行是坦途。"

现存于日本东京大学东洋文化研究所图书馆的明天启年刻本《士商类要》载:"……北京由河南府至陕西路陆……怀庆府万善马驿,五十里至孟县河阳驿,十里至紫金山,有韩文公墓在焉……"这里所说的正是韩愈墓现在的位置。

明代中期户部郎中杨初东曾撰《韩文公河阳人辨》，其中记载："……公岂不知井里而厚为自误者耶？作史者会通志而不及致详，作通志者会郡志而不能致详，修郡志者据旧闻而又不复致详，见愈自称南阳，会修武有南阳，遂冒之，使有昌黎，将又冒之矣。信称地称世之言，反略乎坟墓归葬之语，使至易、至明者为迷惑不决之事，余不得不为之辨也。"杨初东不仅是一位政治家，还是明代非常著名的文学家，他尖锐地批评了那些在韩愈故里归属问题上不负责任者的说法。

《明孝宗宝训》和《明实录孝宗实录》两本明代皇家档案中都有这样的记载："弘治三年（1490年）五月己卯，命河南孟县建唐昌黎伯韩愈祠，春秋致祭。并修理坟墓，从知县巫俨奏也。"这与乾隆《孟县志》中记载的明弘治年间在孟县城南门内修建韩文公祠是一致的。

明末清初书法家、诗人王铎（1592—1652年）曾在孟县赋诗《韩庄文公墓》凭吊韩愈："不独文章盛，先生峻一身。江山如许地，唐宋几何人。月冷孤坟暮，花馥帮宅春。析城东去水，呜咽响麒麟。"

范正脉，字介子，修武人，明清之际的学者，顺治丁亥年进士，曾同友人游孟县，并赋《同河阳友人抵退之乡里口号》诗三首凭吊韩愈：

其一：云横墨墨雪霏霏，匹马潮阳路不平。老骨江边忧失葬，谁知今日有人争。

其二：全家归葬在河阳，旧拜金山山斗旁。丹荔黄蕉无一物，先生原只爱文章。

其三：秦皇桥海汉承盘，辛苦求仙日未闲。共道神仙能不死，分明湘子葬人间。

范正脉作为明末清初的修武人,官至翰林。这样一位文人难道不知道修武有韩愈墓,却要跑到孟县(河阳),同友人一起凭吊韩愈、谒韩愈墓、拜湘子冢?并且明明白白地、准确无误地写出韩愈墓的位置:"全家归葬在河阳,旧拜金山山斗旁。"金山,也就是今天的紫金山,韩愈墓位于紫金山山腰。

孟州市苏庄村保存有《重修兴隆圣母殿宇兼金妆神像记碑》,刻于清雍正九年(1731年)。碑文首句:"苏家庄,旧属尹村,唐韩文公故里也。"

《清实录乾隆朝实录》和《清史稿》中都有这样的记载:

乙丑。赈恤福建闽县、侯官、福清、闽清、南平、将乐、建阳、崇安、宁化、等县被水灾民。
○是日,驻跸孟县东大营。
○丙寅。孝慈高皇后忌辰。遣官祭福陵。
○上奉皇太后渡河。
○诣皇太后行幄问安。
○是日,驻跸孟津县西大营。

实录中还特别对乾隆派人祭祀先贤墓进行了记载:"(乾隆)十五年(1750年)八月丁亥,圣驾时巡中州,遣官祭前代圣贤忠烈祠墓。凡祠墓在御道所经三十里内者,皆遣官致祭。前代名臣以配享帝王庙者为断,先贤以从祀圣庙者为断,本朝勋臣以入祀贤良祠者为断。时祭周文王庙、伊尹墓、周公庙、宋璟墓、许远墓、吕蒙正祠、范仲淹墓、司马光祠、王曾墓、韩琦墓、岳飞庙、子贡祠、韩愈墓、程颢祠、程颐祠、邵雍祠、朱子祠、许衡墓,又奉命特祭殷比干墓、汉关帝墓、晋稽绍祠、唐颜真卿墓、本朝魏裔介墓。"(《皇朝文献通考》卷一百二十二《群庙考四·特祀》)。这个史实的记载与孟州韩愈墓前《谕祭碑》文的记载是完全一致的。说明清乾隆十五年,乾隆皇帝巡游中州时,曾在孟县东大营驻扎,并派大臣前往韩愈墓进行祭祀——这个事实是确实存在的,是真实可靠的。修武有些人的怀疑只能说明他们对韩愈故里在孟州的史料学习掌握得还是不够全面。

康熙二十五年(1686年)编纂的《大清一统志》,在乾隆二十九年(1764年)进行了续修,嘉庆十七年(1812年)重修,在三朝版本的《怀庆府·孟县》一节中对韩愈墓、韩文公祠和韩愈的生平都有明确记载:

韩愈墓:在孟县西十五里韩家庄,皇甫湜铭。子昶墓在县西二十里尹村。

韩文公祠有三:一在府治(今沁阳城)西南;一在修武县北南阳城;一在孟县南门内。

韩愈:字退之,河阳人,生三岁而孤,嫂郑鞠之。自知读书,日记数千百言。比长,尽能通六经百家学。擢进士第。张建封辟为府推官,调四门博士,迁监察御史。上疏极论宫市,贬阳山令。元和中复为博士,改比部郎中知制诰,进中书舍人。宪宗将平蔡,命裴度宣慰淮西,奏愈行军司马。愈请乘,遽先入汴,说韩弘,使协力。元济平,迁刑部侍郎。宪宗遣使往凤翔迎佛骨入禁中,愈上表极谏,贬潮州刺史,改袁州。召拜国子祭酒,转兵部侍郎。镇州乱,诏愈宣抚之。归转吏部侍部。长庆四年卒。赠礼部尚书,谥曰"文"。愈性明锐,与人交,始终不变,成就后进,往往知名。文章深探本源,卓然树立,成一家言,其《原道》《原性》《师说》等数十篇皆奥衍宏深,与孟轲、扬雄相表里，而佐佑六经云。宋熙宁七年从祀孔子庙庭。

明末清初著名学者和名宦薛所蕴（1600－1667年），孟州市缑村人，曾赋诗《韩庄谒文公冢》凭吊乡贤韩愈："孤坟村垅畔，瞻礼景萧萧。后裔人谁辨，韩庄名自标。断碑横野草，古柏认前朝。独有雄文在，河山光气遥。"康熙《孟县志》中还辑录有孟县人薛奋生的《文公冢》、薛颖生的《雨中谒韩文公冢》及几位无名氏谒孟州韩愈墓的诗，在这里就不一一录入了。这些都是冯敏昌先生考证韩愈墓之前的诗文，怎能说孟州人不知道呢？

清康熙三十六年（1697年）张之纪在《重建韩文公祠碑记》中写道："河阳为韩文公故里，予下车拜谒公祠。"

清乾隆四十八年（1783年）河南巡抚臣李世杰上折关于世袭五经博士的争控，如今还保存在中国历史档案馆中。其奏折云："窃查孟县五经博士韩法祖病故无子……韩法祖七世祖玉珍与韩伯虎八世祖玉环系同胞兄弟，玉环迁居修武，……承袭以守墓奉祀为重，承继则以生养死葬为重。"李世杰讲得十分清楚。

孟县（现孟州市）和修武县两地，在明清两代时都属于怀庆府辖制。从明代早期开始至清代雍正、乾隆年间才编写完成的《怀庆府志》和《覃怀志》中的《图考》《古迹》《人物》都对韩愈墓、韩愈生平进行了考证。无一不是说韩愈是河阳人，韩愈墓在孟县。并且一再强调，把韩愈故里在修武说成是朱熹论证的结果，是曲解了朱老夫子的本意。当时编写这些志书时，修武县的知县、教谕都是编辑，对书中的观点是完全认可的。

综上所述，《韩愈故里在修武》一书所说"乾隆五十四年（1789年）前，世上根本没有韩愈故里在孟州一说、孟州人甚至不知道韩愈墓的

韩愈故里辨析

准确位置"的观点,显然是站不住脚的。恰恰相反,不仅孟县人知道韩愈墓在孟县的具体位置,就是历朝历代的各类国家档案中也对韩愈墓在孟县的具体方位有着准确的位置标记。韩愈墓就在孟县的"韩庄",即今天的孟州市西虢镇韩庄村。

照片一组　肆意玩弄
——驳《韩愈故里在修武》之五

《韩愈故里在修武》一书收录有五张据说为民国六年（1917年）由《河南商报》记者韩子奇拍摄的照片。这五张照片不仅保存十分完好，而且清晰度非常之高。一百多年前的老照片，如果真能保存到如此程度，可以说那是具有很高的历史价值、研究价值和艺术价值的。书中也确有两句对这五张照片的拍摄者和保存者表示特别感谢的话："感谢您，为修武留下韩愈古迹真容的韩子奇先生！感谢您，为修武保存弥足珍贵的历史照片的石鹤鸣祖孙。"

这五张照片分别是：

照片一：民国六年修武县韩坡韩氏祖茔

照片二：民国六年修武县韩坡韩氏祖茔内的韩愈墓

照片三：民国六年的修武县韩文公祠

照片四、五：民国六年修武县韩文公祠碑廊

照片一 民国六年修武县韩坡韩氏祖茔

照片二 民国六年修武县韩坡韩氏祖茔内的韩愈墓

照片一组　肆意玩弄

照片三　民国六年的修武县韩文公祠

照片四　民国六年修武县韩文公祠碑廊

韩愈故里辨析

照片五　民国六年修武县韩文公祠碑廊

《韩愈故里在修武》一书中还收录有肖石先生的《弥足珍贵的老照片》一文，有鼻子有眼地介绍了这五张照片的流传情况。

据肖石先生讲，这五张照片的提供者为"石同庆，今年75岁（时为2007年），修武县郇封乡小位村人，一个老实巴交的农民"。石同庆介绍说，这八张照片（其中五张与韩愈有关）是他爷爷1951年临死前留给他的遗物的一部分。一直保存在一个小木箱中，未及示人。2007年4月才拿出来让人辨认。并说这几张照片，是他爷爷民国六年（1917年）从开封回来参加他四爷的婚礼时，邀请《河南商报》记者韩子奇拍摄的。照片发现后经由多位熟悉修武历史的老同志详加辨认，最后一致确认正是惨遭劫难，已经毁灭的修武韩愈古迹。其中一张三进院子、牌楼式大门的庙宇式建筑，就是县城东关的韩文公祠；两张碑廊式照片，照的就是文公祠内的碑廊。另外两张是韩氏祖茔和韩愈墓的照片。

我虽不懂摄影,但当我看到这五张照片时,对它们来源的真实性却疑窦丛生。

一、照片的拍摄时间

《弥足珍贵的老照片》一文这样记录石同庆老人的讲述:"(韩子奇)给新人照了结婚相片,在当时是很风光的。第二天,人家就走了。听说住在修武县城,游山玩水看风景,照了不少照片。"韩子奇作为受邀参加朋友婚礼的客人,活动结束后在修武县城小住是可能的,但时间不会太久,最多十天半月。然而,我们从照片一上农田边和岭岗上草木茂盛,农田里长着小麦(谷子)的背景判断,这应是在收获季节,时间在5至9月间。而照片二、三、五的背景上则明显可以看出下雪的痕迹,时间应在当年11月至次年的3月之间。如果这几张照片是韩子奇在参加了朋友的婚礼活动后,在修武县城小住期间所拍,那就是说韩子奇在修武县城至少是从秋收季节玩到初冬时节。可文章却说是"几天后"就走了,这当怎么解释呢?难道说是韩子奇被修武县美丽的风景所吸引,多次来修武县拍摄风景照片吗?

二、照片上的建筑物

照片一最上边的两个碑楼之间,明显有一座三开间的建筑物,并且其后墙上还安装有三个窗户。二十世纪二三十年代,中原建筑尚没有在后墙上开窗,并且还开三个的记载。为此,我还专门咨询了一位古建专家,他十分肯定地回答说,二十世纪二三十年代,中原建筑中在后墙上开窗是不可能的。除此之外,还有一点匪夷所思之处,就是照片一的背景上有一排清晰的电线杆,不知该如何解释这一现象。

三、照片上的植物

《弥足珍贵的老照片》一文解释照片二为韩愈墓前的墓道时讲："也可能是道光人祸（是指清道光年间孟州韩氏破坏修武韩愈墓地事件）后，修武韩氏子孙又将文公墓精心修复过。从照片上我们可以看到，文公墓封土高大，碑楼完整，墓前墓道宽阔平整。虽然墓道两旁被毁坏的石马、石猪、石羊等众多礼器没有恢复，但路两边却栽有成片的幼柏，并经过精心修整。"文中提到的路两边栽有成片幼柏，并经过精心修整的场景，其实就是我们现在所称的绿篱。但焦作市一位老园艺师傅讲，在道路两旁使用灌木或小乔木做绿篱这种造景手法，最早出现在二十世纪五六十年代。而在修武县的韩氏后人民国六年（1917年）就已经使用了这种园艺造景手法。这又该作何解释呢？

四、韩文公祠门前的雪

照片三是民国前保存完整的修武韩文公祠，还是一张雪景照片。按照修武县当地气候情况，下雪应在一年中的 11 月至来年 3 月。所以说韩子奇拍摄这组照片的时间应是这 5 个月中的某一天。这就和韩子奇拍摄的其他几张照片上的景物所反映出的时间是不一致的。这又该作何解释呢？

五、照片的清晰度

照片四、五的清晰度实在是太高了，甚至连碑上面的文字都能看清楚。经辨认照片四前几块石碑上镌刻的是苏轼的《念奴娇·赤壁怀古》。让人费解的是，这一排多块石碑上的碑文为什么是同一内容？韩愈墓碑廊为什么镌刻的是苏轼的诗文而非韩愈的诗文？

照片一组　肆意玩弄

照片六　郏县三苏坟碑廊照片

照片四不仅可以看到双步梁上的箍头画和找头画，还可以看到瓜柱上的旋子画。照片五则一眼可望到头，连廊头墙上的一块小石碑都可以看得清清楚楚，实在是太清晰了。1917年的老式120相机（书中所记载）拍的黑白照能达到如此地步吗？如此高质量的成像用纸，早在民国六年就已研制成功了吗？

2012年受朋友之邀，我有机会到平顶山旅游。当我拜谒过郏县的国家级重点文物保护单位三苏坟，走进墓园内的碑廊区时，一下子惊呆了。这里的场景怎么会同《韩愈故里在修武》一书收录的所谓修武县韩愈墓碑廊的照片上的场景一模一样，难道说这里就是修武县保存的两张韩愈墓碑廊照片的拍摄地？于是，我便反反复复、仔仔细细地看了下去。结果发现，这里的场景同修武县出示的韩愈墓祠碑廊照片的场景，不仅碑廊内石碑的排列形式和碑文内容完全一致，就连碑廊中双步梁上的箍头画、找头画、瓜柱上的旋子画都一模一样（照片五、照片六）。我终于明白了，原来所谓民国六年（1917 年）的修武韩愈墓碑廊照片，就是平顶山市郏县国家级重点文物保护单位——三苏坟的碑廊照片，根本与修武韩愈墓祠没有任何关系。这也使困扰我多年的问题——修武韩愈墓祠碑廊的石碑为什么镌刻苏轼诗文而非韩愈诗文，立即变得豁然开朗。

三苏坟管理处的同志介绍说：三苏坟碑廊修建完成的准确时间是 1997 年 10 月。所以说，修武人所谓的民国六年（1917 年）的照片，真实的年代不会早于 1997 年。

六、《河南商报》与韩子奇

据《韩愈故里在修武》一书所言，这五张照片均是《河南商报》记者韩子奇在民国六年拍摄的。为了能找到与韩子奇有关的信息，我向《河南商报》编辑部专门去电询问后得知，《河南商报》创刊于 1983 年（后又经《河南商报》新闻部某记者确认）。也就是说，1983 年之前，河南境内从没有《河南商报》这一刊物。

七、小麦种子

照片一上农田里生长的农作物如果是小麦，那就更不符合历史，民国六年时的小麦是根本达不到如此密实整齐的长势的。生长如此好的小麦，其产量至少应在五六百斤。而新中国成立初期时，我们当地最好的良田小麦亩产也不过三百斤左右。至于说 1917 年时的小麦亩产是多少，目前虽未查到相关资料，但绝不会超过三百斤。

疑问太多！《韩愈故里在修武》一书的作者们能否给大家一个科学合理的解释？

引经据典　随我改动

——驳《韩愈故里在修武》之六

《韩愈故里在修武》一书引用的一些史料有一部分来自于雍正九年（1731年）《覃怀志》和乾隆五十四年（1789年）《怀庆府志》。我认真查阅了《覃怀志》和《怀庆府志》中涉及孟县（今孟州市）和修武县韩愈史料的有关记载，发现《韩愈故里在修武》一书中所引用的史料与《覃怀志》和《怀庆府志》的记载内容出入很大。这里，我把这两部地方史志中关于孟县（今孟州市）和修武县与韩愈有关的史料内容如实提列出来，敬请修武的史家们和各位韩愈研究人士再研究参考。

乾隆五十四年版《怀庆府志》（见图一），是由当时的守彰、卫、怀三府地方兼管河北河务水利兵备道唐侍陛为总裁，前后两任怀庆知府布颜、杜琮为纂修，怀庆府所辖各县知县为采辑、总校，各县教谕为校对，并组织府学生、县学生为誊录编纂而成的，可以说是代表当时政府最权威的一部地方志。

韩愈故里辨析

图一 乾隆五十四年版《怀庆府志》

一、修武县参加《怀庆府志》编修的人员

采辑：修武县知县罗步云，顺天大兴人。

校对：修武县学教谕蒋周南，河南睢州人。

誊录：县学生员薛瑞符，修武人。

县学生员邱乃崃，修武人。

二、《怀庆府志》卷首《图经》

修武县境全图中未见韩愈墓。（见图二）

孟县境全图中有韩文公祠。（见图三）

引经据典　随我改动

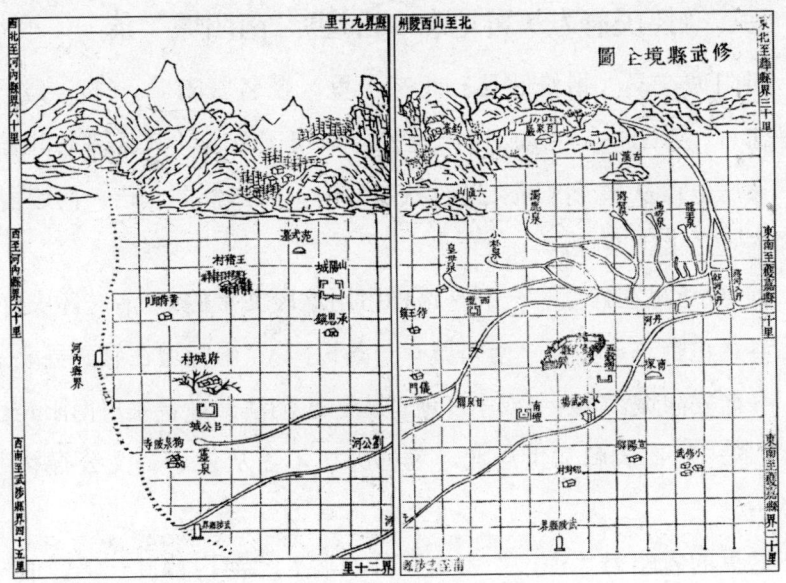

图二　乾隆《怀庆府志》修武地图

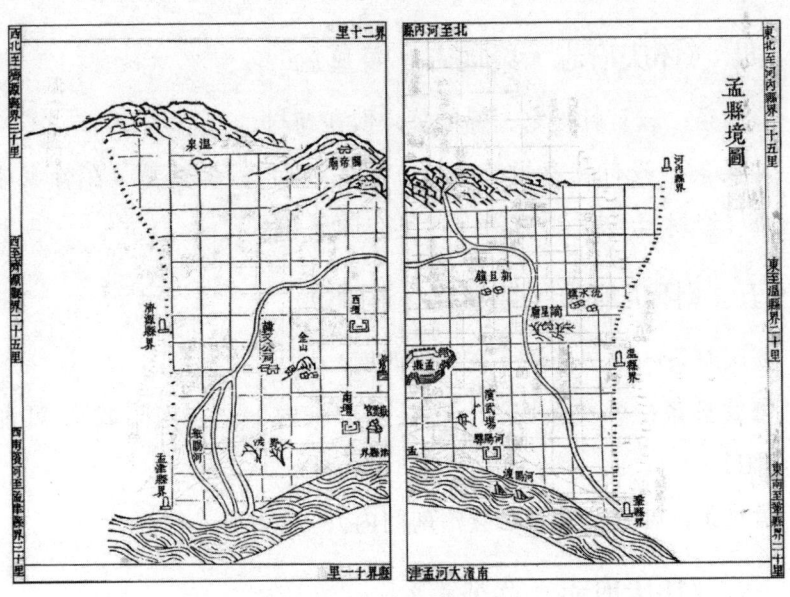

图三　乾隆《怀庆府志》孟县地图

三、《怀庆府志·舆地志·古迹》"南阳城"条

南阳城在县（指修武县）北三十里，今名安阳城。（按：《汉书·地理志》，应劭曰：晋始启南阳是也。嘉靖《通志》谓唐韩愈世居此，名韩家庄。盖从朱子《韩文公行状考》内，河内修武一语，而遽言之，未释朱子之上下文也。）

《韩愈故里在修武》一书是这样引用这段文字的："清《怀庆府志》第二卷《星野志》中的'南阳城'一条记曰：'南阳城在修武县北三十里，今名安阳城。（按：《汉书·地理志》应劭注曰：晋始启南阳是也！《嘉靖通志》谓唐韩愈世居此，名韩家庄。盖从朱子韩文公行状考河内……）"

这里的省略号"……"省去了什么呢？"河内修武一语，而遽言之，未释朱子之上下文也。"这句应是最让修武人心里不舒服的一句话。我们写文章引用历史文献资料，不应该这样断章取义吧。

四、《怀庆府志·舆地志·陵墓》

修武条：载有韩俊墓、韩俨墓，俱在苟村。

孟县条：载有韩愈祖茔（在苏家庄岭后）、韩愈墓（在韩家庄）、韩昶墓（尹村祖茔）、韩湘墓（在县东谪星庙下）。

五、《怀庆府志·建置志·祠庙》

怀庆府条：韩文公祠（在府治西南）。

修武县条：韩文公庙（一在县东书院内，一在南阳城）、韩湘祠（在南阳）。

孟县条：韩文公祠（在县治南门内）。

六、《怀庆府志·选举志》

《辟荐》一节中的唐代一条中载：韩仲卿，孟人，有传。

《进士》一节中的唐代载有：韩云卿、韩会、韩弇、韩愈、韩昶，孟人，有传。

韩纬

韩绾（咸通四年第）

韩绲（咸通七年第，状元）

韩绮（通志无，旧志有）

韩纮（俱昶之子）

韩湘（愈侄孙，长庆三年第，大理丞）

七、《怀庆府志·人物志·先儒》

韩愈：字退之，邓州南阳人（今遵朱子，论定为河阳人，详见艺文志诸作）。七世祖茂，在功于后魏，封安定王。父仲卿为武昌令，有美政。既去，县人刻石颂德，终秘书郎。（颂碑见《太白集》，载艺文。）

八、《怀庆府志·人物志·列传》"唐代"部分

韩睿素、仲卿、少卿、绅卿、云卿、弇、会、昶（传略）。

张建封传下附作者按语：按□□□增补乡贤从祀议云：唐张司空建封，德业人，故旧志不录，然墓志历历有据。即以史论，《旧唐书》称其为兖州人，《新唐书》乃谓其为邓州南阳人，传闻异辞，已自不同。今以志铭考之，正与韩吏部书邓州南阳人无异耳。此议良是，今故坐民采入。若徐有功之久阳籍偃师，具征列赍，李长源之生长河清，惟闻野乘，概事阙疑，未敢混列。

九、《怀庆府志·人物志·列女》"唐代"部分

郑氏：河阳中书舍人韩会妻，愈之伯嫂也。

韦氏：河阳殿中侍御史韩弇妻。

十、《怀庆府志·金石志·孟县》

《韩文公神道碑》：襄阳别驾韩昶墓铭、文公女挐圹铭。

十一、《怀庆府志·艺文志》

韩氏考证诗文有：

《武昌令韩君去思颂碑记》李白

《请韩文公从祀孔庙疏》皮日休

《韩湘子神仙辨》陈□□

《增补名宦乡贤从祀议》□□□

《韩文公河阳人辨》杨初东

《孟县韩文公墓考》刘青藜

十二、《覃怀志》

完成于雍正九年的《覃怀志》（见图四、五），是抄录康熙年间《怀庆府志》略有改动而成。《覃怀志》卷之七《人物》"韩愈"条下加有编者的按语。按语如下：

韩吏部之为河阳人，朱文公辨之详矣。至明祥符李濂氏作通志，又以为修武人。有曰："修武东北三十里曰南阳县，韩文公故里也。居人呼其地曰韩庄、曰韩村，愈自上世居此，有墓存焉。"言甚忠踬率，于古无可证。余尝过修武觅南阳故城，备询居人，亦乌观其所谓韩庄、韩村者乎。其云有墓存，尤荒诞不足信，甚于王铚。彼盖卤莽于朱子之辨。见末后有"世系虽不可知，然南阳之为河内修武则无可疑者"两语，遂撮耿冢宰韩庄，考而一之耳。不知朱子所谓南阳之为修武，则以为修武即古南阳郡，而怀孟皆其故地，以证愈之为河阳人，非谓愈即修武人。昔左氏纪"晋侯朝王，王与之阳樊、温、原、攒茅之田，晋于是始启南阳"。夫阳樊、原者，即今之济源也，温犹温也，唯攒茅在修境内。四邑者皆为南阳，果如濂说，愈亦可为济、温之人，何但修武耶？濂者可谓徒费词说惑乱听闻者矣。

图四 《覃怀志》

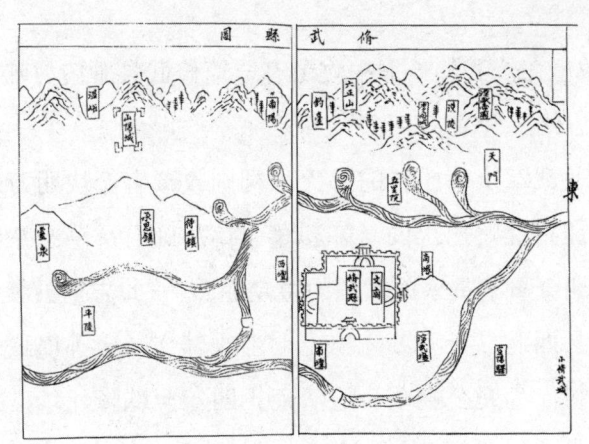

图五 雍正《覃怀志》修武县地图

综观《覃怀志》和《怀庆府志》这两部当时最权威的地方史书，任何一位客观的史志爱好者，都能看出这两部志书的记载是：韩愈是孟县人。根本不存在什么韩愈是修武人这个说法。

我是据实录之，不加一字一词一句，不落一字一词一句。再请修武史家们与你们引用的《覃怀志》和《怀庆府志》所记载内容进行一一核对。

依然是那句话：引用史料考证历史，还是不要断章取义、各取所需为好。

韩昶墓志　任意篡改

——驳《韩愈故里在修武》之七

《韩愈故里在修武》一书中收录有一篇修武县雁门村韩愈后裔珍藏的《韩昶墓志铭》碑文。

孟州市西武章小韩庄村的韩氏宗祠则收藏有一块明万历年间孟州市赵和镇苏庄村北岭出土的《韩昶墓志铭》碑石，墓志左侧边沿上还有清乾隆时期金石鉴赏家冯敏昌的鉴定题跋："此志据县牍云：前明万历年间自孟县西北二十里苏庄出土，当时韩文公裔孙谨藏于家。按苏家庄即古尹村，为文公祖墓。迨清雍正四年至乾隆元年，文公裔孙法祖呈请世袭博士，经河南巡抚田公、富公再三核实，得此石为确据。乾隆庚戌年。"这块墓志的全文不仅被收录在康熙、乾隆两朝的《孟县志·金石录》中，而且也被《全唐文》收录。

现在我们对在孟州出土并珍藏在孟州市西武章小韩庄村韩氏宗祠内的《韩昶墓志铭》碑石碑文与修武县韩愈后裔珍藏的《韩昶墓志铭》碑文的全文内容进行比较，看能得出什么结论。

孟州市西武章小韩庄村韩氏宗祠保存的《韩昶墓志铭》碑石碑文（下称"孟州本"，见图一）如下：

韩昶墓志　任意篡改

图一　孟州《韩昶墓志铭》拓片

户部郎中兼襄州别驾上柱国韩昶自为墓志铭并序

昌黎韩昶，字有之。传在国史。生徐之符离，小名曰符。幼而就学，性寡言笑，不为儿戏，不能暗记书。至年长，不能通诵得三五百字，为同学所笑。至六七岁，未解把笔书字，即是性好文字，出言成文，不同他人所为。张籍奇之，为授诗。时年十余岁，日通一卷，籍大奇之，试授诸童，皆不及之。能以所闻曲问其义，籍往往不能答。受诗未过两三卷，便自为诗。及年十一二，樊宗师大奇之，宗师文学，为人之师，文体与常人不同，公读慕之。一旦为文，宗师大奇，其文中字或出于经史之外，樊读不能通。稍长，受进士及第，见进士所为之文，与樊不同，遂改体就之，欲中其汇。年至二十五及第，释褐，柳公公绰镇汾，辟之试弘文馆校书郎；相国窦公易直，辟为襄州从事，校书如前。旋除高陵尉，集贤殿校理，又迁度支监察，拜左拾遗。好直言。一日上疏或过二三。文字之体，与同官异。文宗皇帝，大用其言，不通人事，气直，不乐者或终年不与之语，因与俗乖，不得官。相国牛公僧孺镇襄阳，以殿中加支使，旋拜秘书省著作郎，迁国子博士，因久寄襄阳，以禄养为便，除别驾、检校礼部郎中。丁艰服除，再授襄阳别驾、检校户部郎中。大中九年六月三日寝疾，八日终于任，年五十七。其年十二月十五日，葬孟州河阳县尹村。娶京兆韦放女，有男五人：曰纬，前复州参军，次曰绾，曰绳，曰绮，曰沈，举进士。女四人，曰茱，曰溪，曰当，曰著，在室。曾祖睿素，朝散大夫、桂州长史。祖仲卿，省秘书郎，赠尚书左仆射。父愈，吏部侍郎，赠礼部尚书，谥曰文公。

铭曰：

噫！韩子！

世以昧昧为贤，而白黑分。众以委委为道，而曲直辨。生有志，而卒不能就。

岂命也夫！岂命也夫！

孤子绾书并篆。

修武县雁门村韩愈后裔珍藏的《韩昶墓志铭》碑文（下称"修武本"）如下：

襄阳别驾韩公昶墓志铭

唐故南阳韩公，讳昶，字有之，传在国史。生徐之符离，乳名曰符。幼而就学，性寡言笑，不为儿戏，不为暗记书。至年长，不能通诵，得三五百字，为同学所笑。至六七岁，未解把笔书字。即是，性好文字，出言成文，不同他人所为。张籍奇之，为授诗。时年十余岁，日通一卷，籍大奇之，试授诸童，皆不及之。能以所闻曲问其义，籍往往不能答。授诗未过两三卷，便自为诗。年十一二，樊宗师大奇之。宗师文学为人之师，文体与常人不同，公读慕之。一旦为文，宗师大奇，其文中字或出于经史之外，樊读不能通。稍长，受进士及第，见进士所为之文与樊不同，遂改体就之欲中其汇。年至二十五及第，释褐，柳公公绰镇邠，辟之，试弘文馆校书郎。相国窦公易直辟为襄阳从事，校书如前。旋除高陵尉，集贤殿校理，又迁度支监察，拜左拾遗。好直言，一日上疏或过二三，文字之体与同官异，文宗皇帝大用其言。不通人事，气直不乐者或终年不与之语，因与俗乖不得官。相牛公僧孺镇襄阳，以殿中加支使，旋拜秘书省著作郎，迁国子博士。因久寄襄阳，以禄养为便，除别驾、检校礼部郎中。丁艰服除，再授襄阳别驾、检校户部郎中。大中九年六月三日寝疾，八日终于任，年五十七。其年十二月十五日，葬河阳军怀州修武县中雁门村。娶京兆韦授女，有男五人：长曰纬，前复州参军，次曰绾，曰绳，曰绮，曰纨，皆举进士。女四人，曰茉，曰溪，曰当，曰茗，在室。曾祖睿素，朝散大夫、桂州长史。祖仲卿，秘书郎，赠尚书左仆射。父愈，吏部侍郎，赠礼部尚书，谥曰文公。

铭曰：

噫！韩子！噫！韩子！

世以昧昧为贤而白黑分。众以委委为道而曲直辨。生有志而卒不能就。岂命也夫！岂命也夫！

次子绾撰并书。

通过以上两篇同为《韩昶墓志铭》的"孟州本"碑石碑文和"修武本"碑文对照，我们不难发现，"孟州本"碑文与"修武本"碑文存在许多不同之处。

一、韩昶的就职地不同

"孟州本"称韩昶的官职是"襄州别驾",而"修武本"称韩昶的官职为"襄阳别驾"。两官职虽仅一字之差,但却是表达不同的意思。那么我们就从襄州、襄阳两个地名演变和别驾一职的主要职责方面进行分析。

襄阳和襄州二者的名称在历史上使用的朝代是有变化的,阶段性比较强。襄阳县因县治位于襄水(今南渠)之阳而得名,西汉高祖刘邦六年(公元前201年)初置,始有襄阳县。

襄阳之名早于襄州。

东汉献帝初平元年(190年),荆州刺史刘表徙治襄阳,始有襄阳郡。襄阳郡、襄阳县并存,襄阳县属襄阳郡下一县。南北朝西魏恭帝时,置襄州总管府,始有襄州之称。

隋开皇三年(583年)废郡为州,以州统县,又称襄州。大业三年(607年)改州为郡,以郡统县,再改为襄阳郡。

唐武德四年(621年),复改郡为州,再称襄州,领襄阳等七县。五代时期,沿袭唐制。

别驾,亦称别驾从事,简称"别驾"。西汉置,原设在中央机构。东汉末年,地方的州、郡始设。魏晋南北朝时期,由于刺史的权力很大,同时管辖着一郡的文武事宜,别驾就成为负责文事工作的最高官员。隋朝,改郡为州,在一州之中设立长史和司马作为刺史在文武方面的助手,别驾因此改名为长史。唐朝,又把长史改为郡丞,后又把郡丞改为别驾。唐高宗时期,又把别驾改为了长史,别驾成为长史的代名词。所以,别驾一职仅在州、郡一级设立,是州、郡刺史的佐官。

由此可知,在韩昶为官的唐代,确实是既有襄州,又有襄阳。只不过襄阳是襄州所领七县之一而已。但只有州一级的襄州有别驾一职,而县一级的襄阳是不可能有别驾一职的。

二、韩昶的郡望不同

"孟州本"首言"昌黎韩昶"。"修武本"首言"唐故南阳韩昶"。

魏晋南北朝至隋唐时期,门阀制度在社会政治生活中影响巨大。世族地主能凭借自己的出身参与政治,而出身低微的寒士却很难有出头之日。这就是所谓的"上品无寒门,下品无士族"。而出身低下的寒士为了能尽快参与政治生活,便极力攀附郡望。因此,在社会上形成了崇尚郡望以壮门楣的习俗。如唐人姓李必称陇西,姓王必称太原,姓崔必称博陵,武康孟东野、河南孟云卿皆称"平昌某人"等都是攀附郡望的结果。韩愈也不能脱其俗,自称"昌黎韩愈"也很自然。

而"修武本"却把韩愈儿子韩昶的郡望写为"唐故南阳"。但这个"唐故南阳"确实让人费解,不明白是要表达什么意思。究竟是指唐代的邓州南阳郡,还是指修武的南阳城?或者是修武人在多篇文章中论述的"晋启南阳就是修武"的这个南阳?"唐故南阳",按字面上的意思解释,似乎应是唐代邓州南阳郡这个地方。那么唐代的邓州南阳郡又在什么地方呢?可以说它与今天河南省南阳市的管辖范围差不多。如果说"唐故南阳"指的就是这个南阳,那么修武县的地理位置无论如何也是不可能包括在内的。

《韩愈故里在修武》一书中还有这样一段描述:韩仲卿、韩会建中二年(781年)以前都自称"南阳人";建中二年之后,由于行政区划上出现了"大河阳"和"小河阳",所以韩愈出门在外才开始自称"河阳人"。那么韩愈的儿子韩昶为什么同在唐建中二年之后则称自己是"南阳人"呢?并且还说什么是"故南阳"。书中的这段描述出自何处不得而知，也未注明资料出处。到目前为止，还仅见于修武人论证韩愈故里在修武的文章之中。

三、韩昶的埋葬地不同

"孟州本"载：韩昶"大中九年六月三日寝疾，八日终于任，年五十七。其年十二月十五日，葬孟州河阳县尹村"。

"修武本"载：韩昶"大中九年六月三日寝疾，八日终于任，年五十七。其年十二月十五日，葬河阳军怀州修武县中雁门村"。

韩愈在多篇文章中曾言"到河阳省坟墓"，"葬河南之河阳韩氏墓"等。不过，韩愈确实没说这个河阳是河阳县还是河阳军，是大河阳还是小河阳（这仅为修武史家们的考证结论）。但是，我遍查了我能找到的所有唐代墓志，并让朋友帮忙，在全国出土的两千多方唐代墓志检索，在有关地名的表述中，除"修武本"《韩昶墓志铭》之外，没有第二例将军事管辖区域地名同行政管辖区域地名合在一起进行表述的墓志铭碑文。可以说"修武本"这种既言河阳军（军事辖区域地名）又言怀州（行政管辖区域地名）的唐代墓志铭，仅此一例。难道说，"修武本"《韩昶墓志铭》又是一个具有重要文物价值、史料价值和艺术研究价值的世间孤本？

四、韩昶的墓志铭作者不同

《全唐文》是清嘉庆年间编修的一部唐至五代的文章总集。《全唐文》的编辑者是把《韩昶墓志铭》作为韩昶的文学作品收录在其名下的，当然这就不用在文章标题下标注作者的姓名。

"孟州本"的结尾处标明的是"孤子绾书并篆"。它的意思是：韩昶墓志上的"墓志铭"是他死后由他的儿子韩绾书写成碑文，并篆写了墓志盖文字的。现墓志盖遗失不存。

"修武本"的结尾处标明的是"次子绾撰并书"。它的意思是：韩昶墓志上的"墓志铭"是由他的次子韩绾撰写，并书写成墓志碑文的。

这两者的差别就在于《韩昶墓志铭》，"孟州本"的作者是韩昶本人，而"修武本"的作者是韩昶的次子韩绾。

而自以为是的修武人在滥言孟州本是孟州人杜撰造假的产物时，还以质问者的口吻向孟州提出了一个疑问：韩昶是神仙吗？墓志铭都是写给死人的，韩昶怎么会死后为自己撰写墓志铭？

其实，修武人的这种疑问只能说明自己的无知。岂知韩昶为自己撰写墓志铭，就如同今人撰写自传一样。韩昶知道自己不是神仙，知道自己总会有死去的那一天，所以说韩昶不失为一位朴素的唯物主义者。因此，他非常郑重地为自己撰写了一篇墓志铭，交给儿孙保管，以备他死后使用。至于墓志上的准确日期，当然是由其子孙在使用时填写上去的。这有什么疑问吗？稍有历史常识的人都知道，自为墓志铭者历史上大有人在。韩昶不是第一人，也不是最后一个。如东汉的经学家赵嘉、唐代的书法家颜真卿和诗人杜牧、明代的画家徐渭、当代的文史学者和书法家启功先生等等，他们都是自己为自己撰写了墓志铭。这有什么大惊小怪的吗？

还有一点，"孟州本"和"修武本"的志文中都提到一个人：张籍。志中云："张籍奇之，为授诗。时年十余岁，日通一卷，籍大奇之，试授诸童，皆不及之。能以所闻曲问其义，籍往往不能答。"年长韩愈二岁的张籍虽是韩愈的挚友，但同时也是韩愈的弟子，他很早就跟随韩愈学习写文章，是唯一陪在韩愈临终床前的学生。我们从张籍的《祭退之》诗中，就可深知两人特殊的师生友谊。

俗话说：一日为师，终生事之。从辈分上来讲，张籍是韩愈的学生，张籍同韩昶是同一辈人。韩昶在自为墓志铭中对张籍称其名道其姓，是正常的、合理的。但如果修武本成立，那么《韩昶墓志铭》的作者是韩昶的次子韩绾。而韩绾就是张籍的晚辈，作为晚辈的韩绾怎么敢在为父亲韩昶撰写的墓志铭中直呼张籍之名呢？

须知避讳之风在唐代极为盛行，并要求十分严酷。且不说"诗鬼"李贺因避讳而深受其害，就是韩愈本人也曾因此被人举报而被降职过。

《旧唐书·韩愈传》记载："愈自以才高，累被摈黜，作《进学解》以自喻。执政览其文而怜之，以其有史才，改比部郎中、史馆修撰。逾岁，转考功郎中、知制诰，拜中书舍人。俄有不悦愈者，摭其旧事，言愈前左降为江陵掾曹，荆南节度使裴均馆之颇厚，均子锷凡鄙，近者锷还省父，愈为序饯锷，仍呼其字。此论喧于朝列，坐是改太子右庶子。"

这段文字是说：韩愈自认为才华出众，但却多次遭受排挤被贬官，于是作《进学解》来自己开导自己。宰相看了这篇文章后很同情他，认为他有修史才能，便改任他为比部郎中和史馆修撰。过了一年，又转任考功郎中、知制诰，拜受中书舍人。不久，有不喜欢韩愈的人，搜集他过去的事情，说他以前降职任江陵府掾曹时，荆南节度使裴均待他很优厚，而裴均的儿子裴锷则平庸粗鄙。最近裴锷回家看望父亲，韩愈写序为其饯行，在序中竟直接称呼裴均的字。这一议论在朝廷传播开来后，韩愈因此被贬为太子右庶子。

要知道，在唐朝宫廷考功郎中、知制诰，拜中书舍人，这些官职都是皇帝的近臣，是可以参与机密、决断政务的。而太子右庶子虽也是正四品下的高官，但他的职责仅是在典书坊掌管朝廷的庆典和祭祀活动。

由此可知，避讳之事，在唐代是多么严厉。

大家想一想，自称孔孟之道传人，处处遵循儒学礼仪的韩愈之孙韩绾，会不懂得这些规矩吗？难道他会连最基本的避讳礼仪都不明白，在撰写墓志铭时出现如此低劣的常识性错误吗？

综合上述，我认为：修武《韩文公门谱》中收录的《韩昶墓志铭》文稿来自于孟州市出土的《韩昶墓志铭》，并有意对其进行了修改加工。其目的，就是一而再、再而三地强调墓志铭中的一句话——韩昶"葬河阳军怀州修武县中雁门村"，以此来佐证"韩愈故里在修武"这个臆造的结论。

臆造史料　荒诞不经

——驳《韩愈故里在修武》之八

《韩愈故里在修武》一书大量引用了修武县韩氏提供的《韩文公门谱》里的内容。如《修武县〈韩文公门谱〉序言选》《修武县〈韩文公门谱〉札记选》《修武县〈韩文公门谱〉之〈祖祠地亩志〉选》《修武县〈韩文公门谱〉历险记》《韩文公年谱》《襄阳别驾韩公（昶）墓志铭》等等。而《修武县〈韩文公门谱〉历险记》一文则煞有介事地专门记叙了《韩文公门谱》流传的艰难历程和保存的艰辛历史，可谓惊心动魄。

我在阅读《韩文公门谱》时，实在有点读不下去的感觉。原因是修武县韩氏保存下来的《韩文公门谱》里记载的大量内容与各个时期保存下来的史料相去甚远，不仅漏洞百出，南辕北辙，十分荒谬离奇，而且许多记载还别出心裁，极富想象，让人看后忍俊不禁。

现将《韩愈故里在修武》一书引用的修武县韩氏提供的《韩文公门谱》中的内容列举一二，与大家讨论。

其一："唐代宗大历三年（768年）……我始祖文公降生于武昌县衙公署。"

关于韩愈出生的具体时间和出生地，遍查史料确无明确记载。但我们查阅新、旧《唐书》等相关历史文献可以知道，韩愈的父亲韩仲卿曾任潞州铜鞮县县尉，至德二年（757年）由铜鞮尉迁武昌令，乾元三年（760年）正月，又转任鄱阳县令。当时，武昌百姓感念其恩德，请大诗人李白为其撰写了《武昌宰韩君去思颂碑》。

韩仲卿何时又由鄱阳令调至京都长安任秘书郎，文献资料中无准确的时间记载，但我们据有关史料推测他调到京城的时间绝对应在公元764年之后（因为公元764年之前，长安还被叛军占领）。而韩愈生于大历三年（768年），"三岁而孤"。由此可知韩仲卿应卒于大历五年（770年），并且史书记载他死于秘书郎任上。所以，从这个时间脉络上来看，韩愈最可能的出生地是在京都长安。退一步讲，即使韩愈不是出生在长安，也应出生在其父上一任职之地的鄱阳县公署，而绝不可能出生在武昌县衙公署。显而易见，早在乾元三年（760年）韩愈的父亲已调离武昌到鄱阳县任职了，怎么可能于8年之后的大历三年（768年），韩愈会出生在武昌县衙公署呢？

其二："大历五年庚戌，圣父太公武昌令卒于任。"

《新唐书·韩愈传》记载，韩仲卿是卸任武昌令后转任鄱阳令，之后又到京都长安任秘书郎，而死在秘书郎任上的。死亡地点应是京都长安。而修武《韩文公门谱》中却称"大历五年庚戌，圣父太公武昌令卒于任"。这就让阅读者感到奇怪了。这个资料出自什么地方呢？

另外，按照习俗，一个人盖棺定论时，一般都会用死者生前的最高职位来定位死者。如韩愈的最高官职是吏部侍郎，所以后人称韩愈为"韩吏部"。因此定位死者的官场履历时，基本都是说高不说低，说大不说小，绝不会用一个不大不小的职位来定位死者的职务。虽说韩仲卿曾做过武昌令，且在此任上政绩卓著，深受百姓爱戴和上司赏识。

但他的最高职位是专管国家图书收藏和校写的秘书郎。这个职位要比武昌县令的官级高，并且还是一名京官。难道说为修武韩氏续写门谱的人是不知道韩仲卿任过秘书郎这个比武昌令更高一级的职务，还是撰写者另有其他考量？

其三："公随母暨全家……同年十月，公生母贺夫人亦卒。"

韩愈生母的姓氏，乃千古未解之谜。不仅史书上没有记载，就连韩愈在他自己创作的七百余篇诗文中也只字未及，所以才有了历代韩学研究者的种种猜测和考究。有关韩愈之母的争论自古有之。从唐代的白居易开始，一直到近现代的史学家和文学家，撰写了多篇《韩母考》，但都没有给出一个明确的答案。不知《韩文公门谱》里的韩愈"生母贺夫人"是从何而来。这只能说明一点，那就是，修武县韩氏提供的这部《韩文公门谱》，如果真的如《韩愈故里在修武》书中所说，是从唐代大中十年（856年）流传至今，并且是按照韩氏族规，每30年续修一次的话，唐代以来的所有史学家和文学家没有一人见到过这本门谱。

其四："建中二年（781年）……设河阳军节度使，修武亦归河阳军所辖。从此，公出门在外常自称河阳。"

韩愈在多篇文章中都是自称"昌黎韩愈"或称"某韩愈"，其学生和朋友也在文章中这样称呼他，以至于后代文人在写文章时也常常使用"昌黎韩愈"这个称呼。到目前为止，在所有文献资料中还从来没发现韩愈自称"河阳"的文字。文中所讲的"公出门在外常自称河阳"，真的不知出自何处。

臆造史料　荒诞不经

其五："贞元四年（788 年）……燧与公亡兄同僚。"

燧是指马燧，亡兄是指韩愈的叔父韩云卿之子韩弇（其实，在这里称韩弇为族兄或堂兄更合适。因为在当时，一般是自己的同胞兄长死后才称"亡兄"）。马燧是唐代中期一名相当有影响的高级将领，他因平定安史之乱和"五王""二帝"有功，于兴元元年（784 年）被朝廷封为北平王、行营副元帅，是朝中的一品大员。而韩弇仅仅是马燧的部下。贞元四年（788 年）韩弇在吐蕃会盟被害时，其官职也不过是从正八品下的殿中侍御史。所以说韩弇与马燧的官职相差太远，根本就不是一个级别的人物，在等级森严的封建社会怎么可能视两人为平起平坐的同僚呢？

其六："建中四年（783 年），公曾写《赠河阳李大夫诗》。"

建中四年，韩愈 14 岁，正在河阳老家随嫂子郑氏夫人为兄韩会守墓。当时的韩愈还是一名正在发奋苦读的舞勺学子，他既没理由也没资格给河阳三城节度使李元淳写诗相赠。再说，建中四年，李元淳尚未任河阳三城节度使，韩愈怎么可能写《赠河阳李大夫》诗呢？

关于《赠河阳李大夫》诗，历来各种韩愈文集中多有考证，写作背景也十分清晰明白。李大夫，指李元。本名长荣，德宗赐名元淳。唐河阳人，韩愈的同乡。后与韩愈交好。这首诗的历史背景是：贞元十五年（797 年），汴州董晋亡故。当时，韩愈作为董晋的观察推官和董晋家属为了避兵乱，护送董晋的灵柩西归。把董晋的灵柩护送过河后，韩愈借道盟津与早已相识的河阳三城节度使李元淳相晤，受到李元淳的款待。有诗《此日足可惜》为证。韩愈、李元淳是由北平王马燧引荐相识的，后因两人都是河阳老乡而成为挚友。虽属两位好友久别相见，但韩愈却因汴州兵乱，妻子卢氏和刚出生的儿子韩昶安危不明而心事重重，无法入睡。于是，便与李元淳彻夜饮酒叙谈。第二天一大早，韩愈因急着寻找妻儿，便离开了河阳三城。在离别前，为感谢李元淳的款待，韩愈便赋诗以赠，就是这首《赠河阳李大夫》。这首诗是这样写的："四海失巢穴，两都困尘埃。感恩由未报，惆怅空一来。裘破气不暖，马羸鸣且哀。主人情更重，空使剑锋摧。"由此可知，这首《赠河阳李大夫》诗创作年代应是贞元十五年。这一年韩愈28岁，在社会上已小有名气，所以，才能受到三城节度使李元淳这样大员的接待。

其七："贞元十年（794年）曾回故里修武南阳扫墓。"

"曾回故里修武南阳扫墓"这句话，是修武韩氏提供的《韩文公门谱》中最让人无法理解的。遍查中国现存汗牛充栋的文献资料，根本找不到有关韩愈"回故里修武南阳扫墓"的记载。韩愈在多篇诗文中把自己去守坟、祭祀祖茔，和葬兄、嫂、侄子、女儿等亲人的地点都叙述得十分清楚明白。

韩愈在《祭郑夫人文》中说："……万里故乡，幼孤在前，相顾不归，泣血号天，微嫂之力，化为夷蛮，水浮陆走，丹旐翩然，至诚感神，返葬中原。"

韩愈的文章中"万里故乡"的"故乡"指何方？"返葬中原"的中原是哪里？

韩愈在《祭十二郎文》里写道："中年，兄殁南方，吾与汝具幼，从嫂归葬河阳……吾年十九，始来京城，其后四年，而归视汝；又四年，吾往河阳省坟墓，遇汝从嫂丧来葬。"在《女挐圹铭》中记载："五年，愈为京兆尹，始令子弟与其姆易棺衾，归女挐之骨于河南之河

臆造史料　荒诞不经

阳韩氏墓葬之。"从以上文中"从嫂归葬河阳""吾往河阳省坟墓""归女挐之骨于河南之河阳韩氏墓葬之",我们每一个人都能非常清楚地看出来,韩愈在文章中写的"万里故乡,返葬中原"的地点都是河阳。

韩愈在《寄崔二十六立之》中说:"旧籍在东都,茅屋积荆棘。"韩愈这句诗的意思是说:他是洛阳人。历史上,横跨黄河两岸的河阳三城地理位置十分重要,一直都被视为东都洛阳的北大门,是护卫洛阳的重要军事要地,因此从唐高宗显庆二年(657年)至唐武宗会昌三年(843年)河阳望升孟州之前的187年间,河阳县归东都洛阳管辖。也就是说,韩愈终其一生,都认为他的故乡河阳县归东都洛阳。这就是韩愈为何称"旧籍在东都"的原委。

在韩愈与孟郊等人的游戏合诗联句《会合联句》之中,有一句"我家本瀍谷,有地介皋巩"是韩愈的话。这里的"瀍"指的是今孟津县西北之瀍水河,出古河南郡谷城县北,经新安东入洛阳之洛水;"谷"指的是今发源于渑池崤山以东马头山的谷水,东流过新安,至洛阳入洛水;"皋"指的是唐代的"成皋县",即今天郑州市荥阳市西部的氾水镇;"巩"指的是今天的巩义市。所以说这里的"瀍谷"和"皋巩"都代指洛阳地区。河阳县与黄河南岸的巩县、成皋县隔河相望,唐时都归洛阳管辖。用山水名称来代替某一个特定的地区,这是唐代诗歌中常用的意象手法。

另外与韩愈同时代的文人也对韩愈祖茔地有明确的记载。

韩愈的学生李翱,是韩愈三叔礼部郎中韩云卿之子韩弇的女婿。他在其岳母韦氏《古朔方节度掌书记殿中侍御史昌黎韩君夫人京兆韦氏墓志铭》中写道:"原殿中君之先葬于河阳,惟君之没,不得其表(指韩弇因吐蕃毁盟被害于朔方事),夫人是以不克葬于河阳,而独坟于陈留,弗克祔于殿中君之族,而依于女子氏之党,以从女子之怀,权道也,且将有待也。"

李翱在文中,明确写出其岳父韩弇的祖茔地在河阳,即"原殿中君之先葬于河阳"。而他的岳母韦氏,由于不可预知的原因,很遗憾地不能归葬河阳,成为孤坟。

所以说,李翱在《祭吏部韩侍郎文》中说韩愈长安卒后,而葬时"丧车东来,我刺庐江"。此处的"东",李翱指的地方就是河阳县,即今河南孟州。

韩愈的学生皇甫湜,在《韩文公神道碑》中云:韩愈"宝历元年(825年)三月癸酉,葬河南某县"。又在《韩文公墓铭》中写道:"公长庆四(824年)年十二月丙子(二日)遂薨。明年三月,其孤昶使奉功绪之录讣以至,三月癸酉(二十九日)葬河南河阳,乃哭而叙铭其墓。"

韩愈的学生、好友张籍,在《祭退之》中云:"旧茔盟津北。""盟津"是一个古渡口,位于今洛阳市吉利区。而公元1979年之前,则属于河阳、孟州、孟县行政管辖之地。位于赵和镇苏庄村北岭的韩愈祖茔,正位于今洛阳市吉利区的北部,完全吻合了"旧茔盟津北"所标注的方位。

韩愈及韩愈同时代文人的诗文,记载韩愈守坟、祭祀祖茔,及葬兄、嫂、侄子、女儿等亲人的地点,几乎全部是在河南府管辖的河阳县。为什么修武县韩氏提供的《韩文公门谱》却记载为"曾回故里修武南阳扫墓"呢?是韩愈及韩愈同时代文人的诗文都写错了,还是修武的这本门谱记录内容有问题?

其八:"清乾隆三年(1738年),恩赐公后裔为世袭翰林院五经博士及奉祀生。"

自古以来,以孔子为代表的儒家学说在中国文化思想史上一直占据重要地位，儒家文化也就成为中国的底蕴和国魂之所在。封建王朝建立后，纷纷对古圣先贤的后代进行优待，彰显了对传统文化的皈依和儒家道统的继承。

明朝开始追封授予古圣先贤后裔爵位并由此成为一种制度，被后世继承了下来。根据史料记载，世袭翰林院五经博士，自明景泰年始封颜子、孟子嫡裔，嘉靖年始封曾子嫡裔后，相应具沿，成为制度。清朝建国后，全面继承了这项制度，并逐步使这项制度趋于完善，且"皇清隆眷"。受追封的古圣先贤后裔的主要职责，是代表国家管理圣贤先祖祠庙和春祭秋祀，以示国家对古代圣贤的尊重。

一般来说，朝廷的追封分几个等级，最高等级是"世袭五经博士"，从七品。最低等级是"奉祀生"，俗称香火秀才。也就是不经过科举考试，赐给一个秀才的功名，没有品级。

在韩氏家族中，第一个被赐予"奉祀生"的是居住在孟县西武章小韩庄村的韩愈第二十八代裔孙韩国龙，时间在明代崇祯年间。入清之后，被赐予"奉祀生"的是韩国龙的长子韩让和韩让的长子韩缵祖。

《清史稿》记载：清代规定的衍圣公下属翰林院五经博士除了孔氏翰林博士外，其余世袭五经博士还有："伏氏：嘉庆十年，授先儒伏子胜六十五世孙敬祖。韩氏：乾隆三年（1738年），授先儒韩子愈三十世孙法祖。张氏：康熙二十六年（1687年），授先儒张子载二十八世孙守先，主凤翔庙祀……"

因此，乾隆三年，追封韩愈后裔三十世孙韩法祖为"世袭翰林院五经博士"确有此事，孟州韩愈后裔有御赐铜印（现珍藏于定居巴西的韩愈第四十一代裔孙韩大元先生手中）为证。印文为九叠篆文"韩文公后裔世袭翰林院五经博士关防"。

修武县韩氏提供的《韩文公门谱》记载，赐公后裔"世袭翰林院五经博士及奉祀生",却既没有明确说明被授予人是谁,又将两个官职名称联在一起,真有点让人摸不着头脑了。

如果说修武县韩氏提供的《韩文公门谱》的上述记载属实,那就是说乾隆皇帝恩赐给修武韩愈后裔的是两个称号,既赐予了一个从七品的世袭五经博士,同时又赐予了一个没有品级的奉祀生,这岂不有点可笑吗?修武门谱上记载的这个内容,不知清代皇家档案中是否有记录?是否颁授有关防?如果有,此关防又在什么地方?

除上述八疑之外,修武县韩氏提供的《韩文公门谱》,还有许多记载让人百思不得其解。

如说元和十四年(819年),韩愈"在潮州任职半年余,政声极佳,有口皆碑。潮人感念公恩,为公建立生祠,修庙墓"。潮州人既然为韩愈建了生祠,怎么还会为韩愈修庙墓呢?

再如说长庆二年(822年),"穆宗大喜,命公自即日起任吏部侍郎。并下诏恩赐茔地百顷,计一万亩,以扩其祖茔"。

遍查新、旧《唐书》,未见此恩诏。史载仅为"愈归奏其语,帝大悦,转吏部侍郎"。而几乎所有的史料都没有记载过,某位大臣因功而被朝廷赐予百顷茔地的。古往今来,贵为九五之尊的皇帝陵寝,恐也达不到一万亩如此浩大的规模吧?

如再详细论证,修武县韩氏提供的《韩文公门谱》中还有许多有违常识的地方,在此不再一一列举。

据《韩愈故里在修武》书中所言,由修武县韩氏提供的《韩文公门谱》,早在唐大中十年(856年)就开始修编,并且每次续修门谱时都要邀请修武县的知县、韩愈后人中有名望者或当地的文化名人撰写序文。那么一部流传有序、脉络清晰、价值连城的《韩文公门谱》,怎么会有如此多与历史事件不相符的记载呢?

附：

明代江西邵奎明序文与修武唐代韩绲序文对比

有位朋友发现了一篇明嘉靖七年（1528年）江西邵奎明撰写的江西《东山甘堂邵氏宗谱重修序》文后，知我对此类文章多有兴趣，便转我一阅，并同时附上了邵奎明先生的简介：邵奎明（1507—1566年），字蓉山，号万象，行华三十九。中嘉靖丁酉年（1537年）乡试，两敕文林郎，仕临安、和平二邑邑令。后致政归于乡，筑庐于东山，杖履于山林间。修筑东山岭道，增修白鹭东山书舍，教授宗子。望重于乡邑。

但阅过之后，我却大惑不解。明嘉靖七年（1528年）邵奎明撰写的《东山甘棠邵氏宗谱重修序》，怎么与修武县保存的《韩文公门谱》里由韩愈孙子韩绲于唐光启三年（887年）撰写的《修谱序文》的文字惊人地一致，甚至前后几段竟一字不差。是否可以这样认为：从考古学的基本理论上来说，唐代人是不可能抄袭明代人的文章的，而明代人则有可能抄袭唐代人的文章。如果仅仅从这个认识层面来考证，我们恐怕只能得出"邵序文可以十分肯定是抄袭韩序文而来"的结论。但是，如果我们仔细地阅读一下这两篇序文，并加以认真对比后，就会发现，邵序文条理分明，叙事完整，前后相合，用词古朴；而韩序文则条理混乱，前后矛盾，用词穿越。谁抄袭谁，一目了然。今抄录于此，以供参考。

明邵奎明撰《东山甘棠邵氏宗谱重修序》

《传》云：家有谱，所以别族也，所以合族也。别之，而使知支派之异；合之，而使知本源之同。家之有谱，犹国之有史也。夫国之有史，则彰善瘅恶之义明；而家有谱，则敦宗睦族之道著，谱之所关大矣哉！《书》曰：克明俊德，以亲九族。《记》曰：尊祖故敬宗，敬宗故收族。使同姓之人皆能敬其所尊，爱其所亲，读书而知礼，明伦所以保世，滋大者，诚不外雍睦之风矣！自古以来，文献所载，未有漫无记载而可贞诸久远者。人非草木，岂容忘本耶！考吾邵氏，源出周太保召公奭，与周同姓，乃王胄胤绪。采邑于召，为成周畿内诸侯，拱屏王周。康公留周佐朝，遂由次子袭爵，世为周室王卿而代王周锡命诸侯。历爵二十一世，立国五百余载。成王时封召公于北燕，以元子承封，强崛于列国而称诸侯，世泽绵延三十四世，列王四十三，八百有年矣。秦合六国，天下世族奔徙四邑，召、燕子裔遂以康公采邑封国为氏，《世本》《春秋》《史记》可考。惜屡两周兵燹而家乘谱牒失传无稽其详。迨后至秦东陵侯平公肇派商音博陵；汉驯公析派安阳、汝南；休公加邑为姓；晋续公宗分山东；唐献公兆脉黄墩；宋从用公启祥泗源；棠公徙派富村，炳公肇发东山；明硕万公派分牛桥。故千宗同脉，万派同根，皆康穆甘棠遗泽之德厚报子孙也。子孙繁荣，户广丁众，贤宦满朝野，清儒盈神州，史册可昭，谱牒可循。自吾小九公炳至绍兴间由德邑泗水源赘居东山肇派以来，历今四百余载（1114—1527年），历传十三四世矣。自回一、回二祖分派东、西，其析宗世系

臆造史料　荒诞不经

渊源，吾伯观公暨时名公显宦永乐七年辛巳岁前序，已详叙于谱，概不赘言。今吾来祖回二公徙居东山，传六世至茂行，嗣巳百孙丛生，族衍丁繁，里居散漫，播蕃于饶信之邑已二十余宗，蔚为江右望族，此自为历代先祖遗泽所佑护也。迨吾东山牛桥派来祖举三公于前洪武间析居东山楼屋，娶姜氏，生四子：长子讳昶名，号硕万（1359—1430年），行喜三公，承居楼屋，配孺人方氏，生子六：长曰伯观，字昱，号旸谷，行旺四公；次曰郁贞，行旺六公；三曰伯璇，行旺九公；四曰伯愈，行旺十二公；五曰智贞，行旺十七公；幼子曰碧贞，旺二十一公也。次子讳谱名，行喜四公，徙居枣树岭，而为枣树派，生子二：旺十三公、旺二十公。三子讳有名，行喜五公，分居老屋场，则为老屋派，生二子：旺十公、旺十六公；四子讳进名，行喜七公，先迁检背，后占籍横坂，而为横坂派，生三子：长曰旺八公；次曰旺十九公；幼子曰旺二十二公。皆卜佳地而子裔播蕃。吾高祖喜三公资崇质厚，祗父嘉兄。克承世业，晨昏耕种，又擅经营，开基拓业，创置家资颇丰，购铺坊于郡邑，设学舍于白露，聘名师于饶信，教授宗人子侄，开弋西风气，名闻望重乡邑。曾伯祖伯观公少聪谨明敏，犹擅筹谋之略，穷学先祖康节公之学，精研岐黄、堪舆之书。少游庠于叠山书院。与同邑御史九川李公奎、岷府教授旗山汪公志福、礼部主事芳墩吴公添麒、德邑兵部尚书孙原贞等名宦甚友，皆弋邑一时俊贤。永乐九年，与李奎、吴添麒、罗翰三公同举辛卯科乡试，以明经科中式，遂以乡贡授湖北道蕲春教谕。永乐十年（1412年）待赴任职。时遭永乐帝征北蒙之逆，诏征民充军役于北，公父硕万府君以才能充千户长应役，盖汇解负册失期，中年竟尔偕四男旺十二公从戎北塞，充口化军。时二、三胞弟负笈游学庠舍，不谙事物，五、六二弟仍髫髫幼弱，祖慈羸老，家无担石。故弃职未得赴任，而失黉宫振翼

· 89 ·

之机。乃主持家事，承奉恩慈，育教幼弟。遂携弟郁贞、伯璇涉历风霜，克广前业，东阡西陌，卷为己有，不数年，立庄二十有三，置田千亩者七。他乡故郡创立尤多，富甲于饶信之地，世称贤人也。迨考吾高祖硕万公从役北塞，四男伯愈公又为胡寇掳去三年养马充日，后得脱归返于口北，父子相见喜极而泣。时在军艰苦万状，荒凉北地采获供塞，公与子伯愈于获中得窖钱数万。由是，食用备足而资财日扩矣。永乐十五年（1417年）后造乾清宫，诏征天下巧匠，伯观公乃托同邑绘漆工陶公启奏朝廷，谋脱父弟军役。逢永乐帝亲临周回看视，适谕陶，陶公故得时奏曰："臣有师邵昶名善绘漆，胜数等，惜未之与也。"帝遂致随降旨，差后军都督府舍人陈忠取公父子赴京师，仍着锦衣卫司千户陈英小旗咎瑄部下带管。后谢以京师假院地予与陶公，不忘其恩仁也。后旺十二公（伯愈）以事忤本卫官，受责，几毙。伯观公资购随营丁户邵贵轩、邵东三补锦衣卫伍以充父弟军役得脱。永乐十六年（1418年），父子役军北塞七载，始得归于东山。伯观公思书久善之策，联宗族共立军租以膳军差。凡替役者，则所有津贴军需及在京居邸以军租承供。此尽赖伯观公之奇才伟略，一一为之筹度尽善也。公又助弟相继婚配，亲教子侄诗书于东山书舍，跻身邑学于叠山书院，群彦肄业其中，谋千古长久之计，尽皆公之力也。岁次皇朝正统丁巳（1437年），江南蝗祸蔽日，天下久旱无雨，百姓饥馑，流离充野，公慨捐积粟，纳官助赈，以活荒民无数。有司具闻于上，诏敕赐八品冠带，劳以羊酒。正统三年（1438年）公诣阙谢恩，时宰辅三杨公及在朝显宦皆上书荐为御史，试事都台胥。恰闻正统帝母孝恭孙皇后乳疾，沉疴日久而医不奏功，御医彷徨皆无策。公当京师揭皇榜于京驿，遂而治愈孝恭章皇后疾。正统帝龙颜大悦，意欲赐官留京。昱公婉言而谢绝，叩曰："臣山村叟夫，云游野鹤已惯，几无意取于功名，望吾皇

臆造史料　荒诞不经

恩准还乡也。"帝见公淡泊且性操高洁，有先祖康节先生之风，遂罢承其志。乃敕昱公"皇量御尺"，另御赐黄袍着身，承旨夸耀京街，宸殿震动，以示恩宠。天帝隆旨于都台，名公词臣皆叙文以赠其归，例恩免赋三载，旌表门闾。旨准郡邑建坊，御题曰义民坊。坊址今存葛水之南，馆驿之右。其后合其族于西山新长洲开圳坝廿余里，灌溉东西田畴，岁无旱涝之弊，上下皆得其利。昱公又于上畈开横纵小沟，网布满畈，引水入田。盈水流经村中，绕户屋墙，出门见水。水澈而不见污，供族亲使用，汇而再入大港河。故东山圳乃有头无尾，有尾无头之奇，实昱公之肇也，为世人称许尔。其事皆载纪于郡邑方志，时敕封及名公序赠之文皆见于东山谱牒，恩宠隆盛于极至也。伯观公恩荫重光数代，饶信邑民称之。迨至景泰元年庚午岁（1450年），伯观公见诸子姪长成，百口同居，一门和气，父慈子孝，兄友弟恭，怡怡谐谐，实历代宗祖积德，故而子孙昌隆哉！今虽祖业广拓于四邑，资财富甲于乡邑，但欲保子孙敦义让而居，难必饔飧悉结，若无先筹，恐贻后悔。遂集兄弟子侄及族老于宗祠相与商榷，各自分烟立派，析爨治产。各乡田地、山林、住基、仓储、在市假院、临街铺店俱作六股。并告诫管业毋得恃强凌弱，务在兄友弟恭，相携扶济。上继前人忠厚之范，下启子裔崇宗敬祖之行。遂兄弟六人各自分宗分派，其事载于谱牒。伯观公居东山前房；生五子：曰东山，行茂十二公；曰彩山，行茂三六公；曰盖山，行茂廿九公；曰左山，行茂三三公；曰泰山，行茂四八公。昶名公次子郁贞，因湖塘外祖方泰八公生子未育，欲抚甥为继嗣。公承父母命，在上奉养，勿失母家血脉之断憾哉！至外祖父母亡，郁贞公不肯冒他人姓，即以北乡之产业分之。故世居弋邑北乡漆工，名曰上房。生六子：曰酉山，行茂廿二公；曰康山，行茂二五公；曰庚山，行茂三二公；曰仁山，行茂三八公；曰癸山，行茂四一公；曰丑山，行茂四六公。次曾伯祖伯璇居墙背；生二子：曰福山，行茂十四公；曰寿山，行茂十九公。次曾伯祖伯愈，居新屋下。生四子：曰继山，行茂二六公；曰昱山，行茂三四公；曰辛山，行茂五六公；曰春山，行茂六四公。小子曾祖智贞居后房，生子六：曰遥山，行茂三十公；曰灵山，行茂四七公；曰如山，行茂五九公；曰勇山，行茂六三公；曰京山，行茂七一公；曰景山，行茂七二公；曰碧山，行茂七六公，予嗣祖也。幼曾叔祖碧贞公居坑背，生八子：长子曰旦山，行茂四十九公；次子曰兴山，行茂五十七公；三子曰平山，行茂六五公，迁福建邵武；四子曰邱山，行茂六六公；五子曰银山，行茂六九公；六子曰衡山，行茂七十公；七子曰华山，行茂八十公；幼子曰玉山，行茂八二公。景泰五年甲午岁（1454年）平山公因事毁焚御敕"皇量御尺"于家阁，悚恐无端，遂逃奔于闽地而占籍于邵武。又逢天顺二年（1458年）戊寅兵变，诏征军集于北，旦山、兴山、邱山三伯祖从随希将军往，遂居京师。自后碧贞公其裔析分邱房、银房、衡房、华房、玉房，誉称五房也。吾派自分烟析爨以来，迄于今整六十年，又绵衍相继三四世，烟户过百，人丁近千，已为饶信鼎族。今斯吾东山甘棠邵氏人文蔚起，邑庠踵接。自前元东宗俊仲公出仕安仁令秀萃黉宫而起，伯观公继踵振翼京师，褒隆至极，而后子裔承起黉宫者有之。若伯祖茂三二左山公亦由生员继志御史；若伯英十三公讳元征，养志黉宫待授职衔，后出仕山东；伯英十九公讳元节，先世自东山徙迁信地兴安，后神居龙虎山上清宫达观。吾皇诏征入京，敕为秉诚致一真人，统辖京师朝天、显灵、灵济三宫，总领道教。若兄华三讳鸾，职广东清远县驿丞；兄华十一讳文冕、华三一讳文质，皆跻列上舍，积学待时以刀笔强取功名。侄钦十一讳锦，居于京师，以人才韬略为殿前扈从将军，位至锦衣卫千户，皆济济多士，盖皆吾东

臆造史料　荒诞不经

山甘棠邵氏俊杰之裔也。今吾皇鼎新，政和民安，正是世族修谱立祠之佳期。倘若谱牒之不修，则炳祖之裔散居各域者，皆不得尽晰其源流，则无以睦族，即无以慰祖也。无谱，则先祖世次源流必致紊乱也。故吾先祖康节先生云："所贵乎世族者，以其祖宗德业之盛，子孙生聚之众也。然盛而弗传犹弗盛也，众而弗亲犹弗众矣，恶得以为世族哉！欲传且亲，惟修谱系。谱系既修，则文献足征，盛乃可传，名分有叙，众乃可亲。祖宗既盛，子孙益众。虽世有谱书，以载其美，而所以世济之者，则在后之人耳。凡我子孙于先代世系，必六十年一修，百二十年再修，庶无遗亡之失。"嘉靖七年（1528年）戊子岁春，各房宗祖伯叔集议续修，嘱各宗贤俊涉赴徽宣、饶信之地采访，探宗寻系，沿流溯源，将残次之族谱考证其详。是役也，式遵欧苏二公谱法，抄录校对，补阙增删，缠总编次。历代先祖世系流源、生卒婚配、仕宦名耆孝妇铭赞敕文、先祖及名公撰序、史册文赋、坟茔山林图表、先祖绘像等皆见于谱，实称完备。又按派、按房分编两式，一式传芳，便增丁刊纪；一式宗谱，藏梓于密室。历数月得成，梓付枣梨，颁布遵行。然谱则各房互存，各宗存板，迨不至于兵燹灾祸之起而至家牒泯灭灰烬无存，实亦吾辈思虑久远之计，不得已而为之也。今谱牒已成，尔愿后之续修斯谱者蹶然兴起。瞻忠孝之传家，仰节义于永世。儒林以泽躬，名臣以励志。上入循良之传，下登独行之书。父慈子孝，兄友弟恭；习文练武，为国尽忠；兴家立业，光大门闾；修坟祭祖，荣祖耀宗；一门霞蔚，比户云蒸；合族人等，秩然蔼然。将见君子称为义门，天下推为望族，讵非吾族之幸，斯谱之光欤！故斯举也，非特明支派、辨戚疏、载世系、序长幼、知嫡庶、稽里居、考源流、志家门之鼎盛、叙子孙之繁昌，清晰不紊而已也。欲使合族人等皆知尊祖笃族、敬长爱幼、以昭雍睦，忧喜相关，交相劝勉，使我甘棠邵氏家范祖德永垂弗坠,以垂瓜瓞之永绵。吾之企望者也。故予不揣粗鄙,赘述于谱端简末,而昭示后来者。是为序云。

峕

皇明嘉靖七年(1528年)戊子岁次仲春月下浣吉日邑庠生炳公十一世裔孙后房华三十九蓉山奎明顿首谨撰

唐韩绲撰《修武韩文公门谱重修序》

传家有谱,所以别族也,所以合族也。别之,而使知支派之异;合之,而使知本源之同。家之有谱,犹国之有史也。夫国之有史,则彰善瘅恶之义明;而家有谱,则敦宗睦族之道著。谱之所关大矣哉。

书曰:克明俊德以亲九族。记曰:尊祖故敬宗,敬宗故收族。使同姓之人皆能敬其所尊,爱其所亲,读书而知礼,明伦所以保世,滋大者,诚不外雍睦之风矣。

自古以来,文献所载,未有漫无记载而可贞诸久远者。人非草木,岂容忘本耶。考吾韩氏,乃金枝玉叶,源出晋卿,与周同姓,列国称雄,七世诸侯,五世称王,世泽延绵廿三世,五百有年矣。

秦灭韩而宗谱失传。后,汉正刘之兴,故韩襄王孙信公,功著于汉,复封韩王。其幼子颓当公重归汉文帝,授封弓高侯,屡建大功。吴楚反,功冠诸将,列侯相传六世,实可谓功高德显。其后裔尊之为始祖,重建宗谱。子孙繁荣,户广丁众,贤臣满朝野,官宦盈神州。世泽相传廿世有奇,亦将五百年。西晋季,匈奴入侵,锦衣南渡,谱复失次。拓拔魏兴，爱贤礼士，颓当公十九世裔孙耆公自赫连屈丐部往投之，魏明元帝封假安武侯，拜常山太守，卒赠泾州刺史。耆公子茂公为后魏屡建奇功，战必胜，攻必克，魏太武帝迁尚书令、征南大将军、封爵安定公；魏文成帝追封桓王。条叶再著，其后裔尊公为始祖。至吾祖文公，又十世矣。户广而丁繁，里居散漫。自茂公之曾孙镶公徙居南阳，已十有二世。创建门谱以镶公为祖，始建茔地葬韩陂。

为充实宗谱，吾祖文公意欲沿流溯源，将残次之族谱考证其详，未果。吾父继而考之，亦未果。吾辈不登仕途，每有暇晷，继续稽考，历经三世努力奋斗，志诚而恒，终获成功。上自韩氏始祖韩武子万公，下至吾祖父文公，历千五百余年，世泽延绵五十世矣。单线相传，源流清晰，无一遗漏。吾以为考究此门谱确实繁难，望后之继承者珍惜而宝藏之，且在续谱时，慎重传抄。吾族繁而居散，每续谱采访唯艰，故欲以镶公断为始祖，改建宗谱，各门派增建门谱。自上而下，一本万枝；自下溯源，万枝一本也。吾祖乃天下硕彦，功高盖世，建门谱应以吾祖始。宗谱三十年一修，而门谱亦续，世代相传。凡三十年不续谱者，谓之不孝。愿后之续修斯谱者蹶然兴起。瞻忠孝之传家，仰节义于永世。儒林以泽躬，名臣以励志。上入偱良之传，下登独行之书。父慈子孝，兄友弟恭。习文练武，为国尽忠。兴家立业，光大门闾。修坟祭祖，荣祖耀宗。一门霞蔚，比户云蒸。合族人等，秩然蔼然。将见君子称为义门，天下推为望族，讵非吾族之幸，斯谱之光欤。是役也，续稿则为经、绍等，抄录则为紑、濂等，校对则为纯、绎等，缠总编次，以及所有参加修谱人等，是皆有志于谱也，应予载谱表彰，百世流芳。

斯举也，非特明支派、辨戚疏、载世系、序长幼、知嫡庶、稽里居、考源流、志家门之鼎盛、叙子孙之繁昌、清晰不紊而已也，欲使合族人等皆知尊祖笃族、敬长爱幼、以昭雍睦、忧喜相关、交相劝勉,使我韩氏家范永垂弗坠。吾之企望者也。是为序。

  大唐光启三年(887年)岁次丁未仲春月下浣吉日

  镶公九世裔孙绲顿首谨撰

考证辨析　武断臆成
——驳《韩愈故里在修武》之九

《韩愈故里在修武》一书，收录了一篇署名为"辛文映"的文章《韩愈故里辨正》。辛先生说他的文章是与《韩文公故里综合辨正》一书的作者韩清濂商榷，但却毫不客气地在文章中把韩愈的第四十代裔孙韩清濂臭骂了一顿。什么韩清濂"滥用不敬之词，甚而对朱熹老夫子也出言不逊"，什么"都会对韩清濂的话嗤之以鼻"，"如其不然，为何要拿《史记》《中国古今地名大辞典》来搪塞糊弄世人？"等等。不过辛先生的观点确有太多需要商榷之处。

一、关于韩清濂的祖籍

辛先生的文章对韩清濂自述的"字厂，号河阳，祖籍河南孟县，民国九年（1920年）出生于

图一　孟州韩园《韩清濂先生行状碑》

博爱县西王贺村",表示"一头雾水,疑问丛生,不知所云"。我不明白辛先生为何对韩清濂自称祖籍是河南孟县强烈反对,疑问丛生。

按时间来说,由于行政区划调整的原因,民国九年(1920年)时,韩清濂应是今沁阳市人,到了民国十六年(1927年)以后才成为今博爱县人。韩清濂先生的自述是在公元1927年以后,他称自己出生于博爱县,应是不错。不言而喻,由于祖籍和出生地不是一个概念,韩清濂说他祖籍河南孟县这又有何错?怎么会"一头雾水"?

韩清濂祖父韩授荣是孟县人,后来在今博爱县王贺村置办了田产。于是,韩清濂的父亲韩思道就去了那里定居下来,娶妻生子。韩清濂也就出生在博爱县的王贺村。他的祖父是孟县人,韩清濂的祖籍当然也是孟县,这完全符合中国人的祖籍认定习俗。这没有什么好疑问的。至于韩授荣为什么要到现在博爱县的王贺村去置办田产、定居生活,自有他个人的缘故。因此,关于韩清濂的祖籍,我们还是应该尊重当事人自己对祖籍的认定意见。作为第三者不该强加给当事人一个祖籍。

二、关于门谱的价值

辛先生在考证韩文公故里时使用的论据几乎全部来自修武县韩氏提供的《韩文公门谱》,并且对这部据说是唐代首创并延续至今的《韩文公门谱》给予了高度评价,说它"是当代考证韩愈故里的最可信的根本依据,也是韩学研究的非常珍贵的史料"。

我不知道辛先生是否认真读过这本据说是始创于唐代的《韩文公门谱》。不过,从辛先生对这部《韩文公门谱》的评价上看,应是读过的。但是,辛先生对《韩文公门谱》读得并不精,也不细。如果辛先生用心研习过这部家谱,可以告诉所有关心韩愈故里这个问题的人,"门谱"这种著作编写格式的体例是什么朝代才有的吗?真如修武《韩文公门谱》所言，出现在唐代吗？

  2009年7月，上海古籍出版社出版发行了一部中国家谱集《中国家谱总目》。这部书收录的2003年以前海内外华人家谱资料多达47000种以上。根据这部书的目录名称，自汉代以来，中国各家族的家谱名称确实很多。但各种不同家谱名称的沿革分期、排比、分类等，还是有规律可循的，断代分期也是比较清晰的。唐以前的全部称为家谱、家传；宋代以前又多了宗谱、族谱等几个名称；到了明、清两代，中国家谱的名称才有了一个大的飞跃，各家各姓都在编写家谱。以至于社会上出现了专门编修续写家谱的行当——谱匠。所以家谱的名称极大地丰富起来，有宗谱、世牒、世谱、家谱、家乘、家志、谱录等。清代晚期之后，家谱的名称在几乎包括以上所有家谱名称外，还多了一个名称叫"门谱"的体例形式。

  家谱名称这种体例的演变过程，在1997年中华书局出版的《中国族谱联合目录》中也得到印证。目前的文史资料可以证明，"门谱"这种体例是清末以后才出现的。那么修武的《韩文公门谱》版本怎么可能是唐代的呢？所以说，修武《韩文公门谱》的价值是否真如辛先生所言，还真的有待专家们的鉴定。

三、关于举人

  辛先生在文章中说，修武韩氏之所以没有被朝廷任命为五经博士，主要是因为"修武原籍韩氏中没有举人，族内才公议让韩法祖以韩文公后裔并凭自己的举人身份，世袭第一代翰林五经博士"。后又因韩九龄、韩锡爵、韩学礼也为举人，才承袭了五经博士。同时《韩愈故里在修武》一书，还在另外一篇文章中说，韩法祖继子韩伯虎、韩伯虎之子韩子江（也有资料称其为韩江）也是举人。

在明、清两朝，举人的社会待遇是相当丰厚的，却也并不容易考取。一位普通人，一旦中举了，就意味着他永远都具有继续参加会试的资格，就有了进入仕途的机会，从而有机会改变一个人、一个家庭的命运。清代文学家吴敬梓的小说《范进中举》一文，我们上学的时候都学习过。范进中举前后的对比，是多么鲜明啊。如果说《范进中举》里主人公范进是小说里的虚构人物，那我们就来说一位生活中的真实人物。乾隆五十四年（1789年）《孟县志》记载，明天启年间，孟县有一位秀才名叫韩争春。他从18岁开始参加科举，一直考到50多岁才考中举人，被选进大理寺任职。但仅仅数月之后，韩争春就因病去世，令人唏嘘不已。古往今来，读书人十年寒窗，没能得到任何功名，终生白丁的何止千万。所以说，举人在各个朝代都是极少数人的荣耀光环。

《怀庆府志》《覃怀志》《孟县志》《修武县志》等几乎所有的古代地方志，都会把《选举志》单列为一卷。排列出各朝各代中举之人的姓名、籍贯以及官场履历，作为当地的荣耀，向后人宣扬。

辛先生如有时间可以查一查乾隆《怀庆府志》和民国《修武县志》的《选举志》的"举人"一栏，看能否找到修武县举人"韩伯虎、韩子江（韩江）"等？我是没有找到。我在乾隆《孟县志》的《选举志》的"举人"一栏中没找到韩法祖的名字，在民国《孟县志》的《选举志》的"清代举人"一栏中也没找到韩九龄、韩锡爵、韩学礼的名字。

所以说，辛先生"修武原籍韩氏中没有举人，族内才公议让韩法祖以韩文公后裔并凭自己的举人身份，世袭第一代翰林五经博士"的观点是站不住脚的。孟县韩法祖是因其韩愈嫡系后裔的身份才被朝廷赐封为首任翰林院五经博士的。这个过程是多么严格，辛先生如果没有查阅过相关的历史文献，是想象不出来的。韩法祖承袭翰林院五经博士，前后经历了两任皇帝：雍正和乾隆。再经历了两任河南巡抚：田文镜和富勒浑。再加上韩法祖曾三次上书礼部，礼部也曾数次派人查证和核对，前前后后经历了12年时间，才最终得到朝廷的确认和批准。

此后续任的翰林院五经博士韩九龄、韩锡爵、韩学礼，都是要经过朝廷恩准的。

四、关于孟县韩氏至修武县捣毁韩氏祖茔墓地事件

不仅是辛先生的文章，许多修武史家的文章中都谈到韩学礼曾带领孟县韩氏族人，勾结修武县马冯营村马保等人，强行到修武的韩坡对韩氏祖茔地进行破坏。几乎把修武韩氏祖茔地的一切建筑物全部毁掉。关于这一恶性事件，修武的《韩文公门谱》中和修武韩氏后代的手里都保存有清道光年间（道光二十四年，即公元1844年）修武韩氏与孟县韩氏及马冯营村马保等人打官司的诉讼文书档案。

我也曾向孟州的韩氏后裔询问过"韩学礼毁墓"这一事件，他们也是"一头雾水，疑问丛生，不知所云"。我也真是太笨了，如果真是他们的祖先干的坏事，他们当然不会爽快地承认。

据辛先生文章介绍，对于这么一件明目张胆地大肆损坏古代先贤坟墓和祖坟的恶性事件，当时怀庆府衙门的决定是"怀庆知府遂判马保等人停止侵占韩陂韩氏先茔，并为其重新树碑修墓"。除此之外并没有其他更加严厉的惩处决定，这不免让人怀疑。按《大清律例》，毁坏本姓和别姓祖坟、盗墓，破坏别家风水等都是犯法的，而且是重罪。轻则杖责流放，重则也不是杀头那么简单，而是凌迟处死。可怀庆府衙门怎么会仅给出"停止侵占""重新树碑修墓"这样轻描淡写的处理决定呢？分明是有法不依。

辛先生文章中说，"重新树碑修墓"所立的那块碑，就是2006年6月在修武被重新挖掘出土的道光二十四年（1844年）《唐昌黎伯韩文公故里碑》。这块碑由在修武担任知县一职已达十二年的冯继照县令亲自撰写并树立。

关于这块碑，我在前面的章节中已做过考证，这里还需再重复一下。

这块碑的落款写的是"道光二十四年文林郎修武县知事菖川冯继照书"。据民国《修武县志》记载，道光二十四年时，冯继照已不是正七品的散官文林郎，而成了从五品的散官奉直大夫。是冯继照写错了吗？另外，"知事"的官职称谓，在辛亥革命前中国的地方行政长官并没有使用过这个称呼。在中国使用"知事"作为地方行政长官称呼，也就是中华民国刚成立后的民国二年（1913年）至民国十六年（1927年），仅仅使用了15年。1927年之后，国民政府就下令县一级的行政官长的名称改用"县长"来代替"知事"，更不要说冯继照在道光二十四年就称自己为修武县"知事"了。

所以说，修武史料中记载的有关孟县韩氏到修武韩坡毁坏韩愈祖茔事件，是值得怀疑的。

五、关于孟州市韩愈墓

孟州韩愈墓，2006年5月被国务院公布为第六批全国重点文物保护单位（见图二）。但是，辛先生很气愤地说"这是清初以来孟县某些人造假的成果"。修武还有位先生专门写了一篇《八问孟州韩愈墓的真假》。

图二　全国重点文物保护单位标志碑

辛先生说的"某些人",一定是指这几位:其一是清翰林院编修冯敏昌,因为他在孟县对韩愈生平事迹及其墓地、祖茔等进行了一系列的考证工作,并重新树立了韩愈墓碑、神道碑等多块碑石;其二是当时的孟县知县湖州人仇汝瑚,因为他主持重新整修韩愈墓,并捐俸修建完成了韩愈墓飨堂等工程;其三是第三任承袭五经博士的韩九龄,因为他不仅为冯敏昌考证韩愈墓提供了大量资料,并且在韩愈墓前树立了乾隆《谕祭碑》。

也许多数人不知道,韩愈墓是第三次申报国家级重点文物保护单位时才被国家认定的。我全程参与了三次申报材料的编写工作。国家文物局专家小组是经过十分缜密的反复论证才上报国务院公布的(图三、图四)。千万不要怀疑国家文物局专家小组组成人员的业务能力和理论水平。难道专家们不知道韩愈故里有修武说、昌黎说、南阳说?

难道专家们没有读过《资治通鉴》《汉书》《古地理大成》？辛先生如果这么认为，那才叫"令人气愤"。

图三　国家图书馆原馆长、中国哲学史学会会长、国学大师任继愈先生（左）莅临孟州市韩愈墓考察

图四　国学大师、汉学家饶宗颐先生（前排左五）莅临孟州市韩愈墓考察

考证辨析　武断臆成

　　专家小组之所以确定孟州是韩愈故里，孟州韩愈墓是真正的韩愈墓，一定查阅过包括明、清皇宫档案在内的多种韩愈故里、韩愈墓等相关文史资料。专家们掌握的资料一定比我们这些基层人员翔实得多，准确得多。因此，专家小组才确定把孟州韩愈墓作为全国重点文物保护单位上报，由国务院向全社会公布这个名单。

　　辛先生在文章中旁征博引，涉及大量的文史资料和文献资料。这说明辛先生是读过大量文史书籍，查阅了大量文献资料的。但是，关于孟州韩愈墓方面的文献资料，辛先生似乎读得并不多。

　　关于孟州韩愈墓，且不说张籍的"旧茔盟津北"、皇甫湜的"葬河南河阳"。在宋、明、清代早期（乾隆皇帝之前）文人的文章中也有记载，辛先生怎么会在文章中写出"孟县韩九龄世袭博士以后（乾隆四十八年，即公元1783年），才利用该处的几棵大柏树，在那里树立韩文公墓碑，并修了假墓，盖起了飨堂、墓祠"这样信口说出的话呢？

　　其他有关韩愈故里的史料，我就不再一一列举了。在此，仅列举一位修武人士撰写的韩愈故里在孟州的文献资料。辛先生如果对其他人或者其他地方的文献资料不认可，那么对于修武人写的文献资料总该认可吧？更何况写这个史料的人要比韩九龄承袭五经博士的年代早150多年。

　　这个人就是明末清初的修武人、顺治丁亥年（1647年）进士、著名学者、翰林范正脉。范正脉曾同友人游孟县，赋诗《同河阳友人抵退之乡里口号》三首，收录在乾隆《怀庆府志·艺文卷》。因在其他章节已有引用，在此不再抄录。

　　范正脉是当时一位很有影响的饱学之士，《修武县志》有传。难道他不知道修武有韩愈墓？他为何要跑到孟县（河阳）同友人一起凭吊韩愈、谒韩愈墓、拜湘子冢,并在诗中清清楚楚、准准确确地写出韩愈祖茔地和韩愈墓的位置?"全家归葬在河阳,旧拜金山山斗旁。"金山,也就是今天孟州的紫金山。说它是山,是因为它是太行山向东延伸的余脉。当然,也有学者认为它是太行山缘起的源头。但不管怎么说,紫金山也就是一道巨大的土岭。韩愈墓所在的位置正是紫金山南麓的半山腰。韩愈祖茔地在河阳,韩愈墓在金山旁。

所以我还是希望,辛先生不要说出那种语不惊人死不休的话吧!

朱子本意　不容曲解

——驳《韩愈故里在修武》之十

《韩愈故里在修武》一书有一个很重要的意愿,就是把"韩愈故里在修武"的开山始祖归之于南宋儒学大师朱熹老夫子。持"韩愈故里修武说"观点的人在撰写各类文章时,也从来没有忘记对朱熹先生进行一番褒奖,以示感恩。

那么,"韩愈故里在修武"的结论真的是朱熹先生经过考证得出来的吗?答案当然是否定的。早在明清时期就有人指出,这是读史者和撰志者曲解了朱熹先生考辨《新书本传》("新书"指《新唐书》,"本传"指《新唐书》中的《韩愈传》)的初心,人为地割裂了朱熹先生考证文章前因后果的内在联系,断章取义,穿凿附会,歪曲原意。为什么会这样说呢?现在我们就来对朱熹先生考辨《新书本传》的重点内容进行一下分析,以此还原其本来目的,以正视听。

宋庆元三年(1197年),儒学大师朱熹完成了他的又一部校雠学著作《昌黎先生集考异》(又名《韩文考异》),共十卷。这是一部集中体现朱熹先生校雠思想、理论、原则、态度和方法的著作,在中国古代文献学研究上有着重要地位。但由于当时"庆元学案"风声日紧,当权者认定以朱熹先生为代表的理学为"伪学",便在全国对理学者进行打击。虽然"庆元学案"因政治斗争而起,但却成了中国历史上著名的学界惨案。朱熹先生及其弟子们怕因为此书在这个特殊时期的出版惹出是非,便决定由朱熹先生的弟子郑文振匿名在韩学影响较大的潮州雕版印刷出版。

《昌黎先生集考异》卷十对《新唐书·韩愈传》做出考辨,朱熹在考辨中,首先对《新唐书》中关于韩愈为邓州南阳人的说法提出了异议。并从韩愈先祖占籍迁徙流变过程、郡望及其来历、祭祀活动的区域、河阳与孟州的演变及有关文献资料记载等多方面、多层次入手,阐微决疑,详加考证。终于弄清楚了史书有载的"韩愈为南阳人"的南阳,其地理位置在河内和修武一带的"晋启南阳"之地,而非邓州南阳和堵阳一带,纠正了《新唐书·韩愈传》和洪兴祖《韩子年谱》的误载。

朱熹先生在引用《新唐书·韩愈传》的记载"韩愈,字退之,邓州南阳人"后指出,韩愈是南阳人的第一个提出者是李白:"李白作文公父仲卿《去思碑》,云南阳人。"

朱熹先生在这篇文章中,围绕李白所说的"南阳人"的"南阳"这个地理名词,引经据典,旁征博引,详细考证了"南阳"的地理方位和范围。

朱熹先生写道:"而公常自称昌黎,李翱作公《行状》亦云昌黎某人。皇甫湜作《墓志》,不言乡里,又作《神道碑》,乃云上世尝居南阳,又隶延州之武阳。而《旧史》亦但云昌黎。"

朱熹先生文章中这段话的意思是:在韩愈的自称、李翱撰写的《韩文公行状》以及皇甫湜撰写的《韩文公墓志铭》中都没有关于韩愈故里的准确说法。而皇甫湜在《韩文公神道碑》中也仅记载韩愈的远祖曾在南阳居住,后来又迁徙到延州的武阳县。而《旧唐书》中却说韩愈是昌黎人。

朱子本意　不容曲解

朱熹先生又写道，"《新史》盖因李碑而加邓州二字也"。朱子文章中这句话的意思是，编写《新史》(《新唐书》)的人，按照宋朝当时的行政区划南阳属邓州管辖的现实，在没有详加考证的前提下，轻率地在李白所说的"南阳人"前加上了"邓州"二字。

朱熹先生接着写道："然考《汉书·地理志》，有两南阳。其一河内修武，即《左传》所谓'晋启南阳'也。其一南阳堵阳，即荆州之南阳郡……其论南阳，则又云：今孟、怀州皆春秋南阳之地，自汉至隋，二州皆属河内郡。唐显庆中始以孟州隶河南府，建中中乃以河南之四县入河阳三城使，其后又改为孟州。今河内有河阳县，韩氏世居之。故公每自言归河阳省坟墓，而女挐之铭亦曰：归骨于河南之河阳韩氏墓。张籍祭公诗亦云：旧茔盟津北。则知公为河内之南阳人。其说独为得之。公诗所谓'旧籍在东都''我家本瀍谷'，则必以地近而后尝徙居耳。"

朱熹先生文章中的这段话，重点是考证了"南阳"这个地方的地理位置究竟在什么地方。根据《汉书·地理志》记载，有两个南阳。一个在河内和修武一带，即晋启南阳之地（今黄河以北太行山以南的新乡获嘉县至济源市一带）；一个在南阳和堵阳一带，即荆州所管辖的南阳郡。"晋启南阳"的这个"南阳"，现在（指南宋）的孟州和怀州都是春秋时期的南阳之地。自汉朝至隋朝，孟州和怀州都属于河内郡管辖。唐代之后，孟州这个地方归属河南府管辖。到了唐代中期，则由原属河南府管辖的四个县（河阳、温县、河阴、济源）组成了河阳三城节度使。之后，又以此为基础成立了孟州府。现河内郡有个河阳县，韩氏世代居住在此。韩愈自言的回河阳省坟墓，他学生张籍说他"旧茔盟津北"，都说明韩愈家的祖茔地在孟津渡口的北面。从这里我们就应该明白，韩愈是河内这个地方的南阳人，而不是荆州那个地

· 109 ·

韩愈故里辨析

方的南阳人。韩愈诗文"旧籍在东都""我家本瀍谷"中提到"东都"和"瀍"（水）、"谷"（水）都是指洛阳。河阳县自唐高宗显庆二年（657年）至武宗会昌三年（843年）的187年间，属东都洛阳管辖。韩愈终其一生，河阳均属东都洛阳辖区，其诗文中之所以经常这样说，不过是因为韩愈的家乡距洛阳近，才会经常往来。

除此之外，朱熹先生在文章中还详细解析和考证了韩愈的郡望，以及韩氏的迁徙流变。"……岂是时昌黎之族类盛，故随称之。亦若所谓言刘悉出彭城，言李悉出陇西者邪？然设使公派果出昌黎也，则其去赭阳已历数世，其后又屡迁徙，不应舍其近世所居之土，而远指邓州为乡里也。"

这段话是说：唐朝人以郡望自报家门是一种社会风气，如刘姓必说其祖于彭城，李姓必说其祖出陇西。唐朝时，昌黎韩姓一族十分昌盛，名人辈出，韩愈在当时的历史环境下，也难脱其俗，不过是为崇尚郡望，壮其门楣。所以，昌黎不过是韩愈的郡望而已。如果昌黎、赭阳这两个地方是韩愈的原出处地，那也是很远很远的远祖，其后韩氏又经过了数世的多次迁徙。所以，韩愈在表明自己的家乡故里时，绝不会舍近求远而指认远祖的聚集地邓州为家乡故里。

在经过了上述这些缜密的考证之后，朱熹先生得出的最后结论为"盖其世系虽有不可知者，然南阳之为河内修武则无可疑者，而《新史》、洪《谱》之误断可识矣"。

这段话的意思是说：韩氏的世系流传关系虽然还有一些我们没有弄明白的地方，但（李白）所说韩愈为"南阳人"的南阳是河内和修武一带的南阳这个结论，是没有疑问的。《新唐书·韩愈传》和洪兴祖的《韩子年谱》中关于韩愈故里记载的错误，也就很好理解了。

自南宋朱熹先生之后，某些学者在谈论韩愈故里问题时，并未通

朱子本意　不容曲解

篇考虑和理解朱熹先生这篇文章的出发点和本意，而只是把朱熹先生这句"然南阳之为河内修武则无可疑者"单独抽出来引用，并把这句话荒谬地解释为韩愈是"河内的修武人，这是没有疑问的"。由于朱熹先生在中国文化史上的地位，使得这句已背离了作者原意的错误解释成了"先贤的结论"，而不断被引用。其结果是以讹传讹，使人误入歧途。人们也不去关注"然南阳之为河内修武则无可疑者"这句后面，还有一句总结性的结论"而《新史》、洪《谱》之误断可识矣"。应该说这句才是朱熹考辨《新书本传》的出发点和本意。即考证《新唐书·韩愈传》中"韩愈，邓州南阳人"中的南阳究竟是哪一个南阳，以纠正《旧唐书·韩愈传》中"韩愈，字退之，邓州南阳人"和洪兴祖《韩子年谱》中"韩愈，昌黎人"的错误记载。

在这里，朱熹考辨《新书本传》，只是探讨"韩愈，字退之，邓州南阳人"中的"南阳"这个地方的地理方位究竟在哪里，是一个大的行政区域概念，而不是具体考证韩愈故里是哪个县、哪个村。

综上所述，朱子考辨《新书本传》，得出的结论就是：李白在《去思碑》中所说的"南阳"，是河内修武这个行政区域的南阳。即"晋启南阳"的南阳，而不是荆州之地堵阳、南阳这个行政区域的南阳。从而纠正了《旧唐书》、洪兴祖《韩子年谱》中有关"韩愈，字退之，昌黎人"和《新唐书》中有关"韩愈，字退之，邓州南阳人"的错误记载。同时，朱子也通过韩愈河阳省坟、张籍诗文，以及河阳、孟州的历史演变等多种资料，论证出韩愈是河内修武这一带的南阳人，即河阳人，也就是今天的孟州市人。

关于这个问题，明清时期就有学者进行过论证和纠正。

明朝学者杨初东，就曾在《韩文公河阳人辩》一文中尖锐地批评了曲解和歪曲历史文献的行为："尚论者，多求之史，史不必尽信也。

又求之志，志，郡史也，可信乎？曰未也。然则如之何？博综群言，析之理庶几矣。……公岂不知井里而厚为自误者耶？作史者，会通志而不及致详；作通志者，会郡志而不能致详；修郡志者，据旧闻而又不得致详。见愈称南阳，会修武有南阳，遂冒之。使有昌黎，将又冒之矣。信称地称世之言，反略乎坟墓归葬之语，使至易、至明者，为迷惑不决之事。"

清雍正九年（1731年），在编写《覃怀志》时，主编人怀庆府知府祁瑛又专门让纂修乔腾凤为此写出一段按语，以纠正后人对朱熹先生韩愈故里结论的曲解。"凤按：韩吏部之为河阳人，朱文公辨之详矣。至明祥符李濂氏作通志，又以为修武人。有曰：'修武东北三十里曰南阳县，韩文公故里也。居人呼其地曰韩庄、曰韩村，愈自上世居此，有墓存焉。'言甚蹴率，于古无可证。余尝过修武觅南阳故城，备询居人，亦乌睹其所谓韩庄、韩村者乎。其云有墓存，尤荒诞不足信，甚于王铚，彼盖卤莽于朱子之辨。见末后有'世系虽不可知，然南阳之为河内修武则无可疑者'两语，遂撮耿冢宰韩庄考而一之耳。不知朱子所谓南阳之为修武，则以为修武即古南阳郡，而怀、孟皆其故地，以证愈之为河阳人，非谓愈即修武人也。昔左氏纪'晋侯朝王，王与之阳樊、温、原、攒茅之田，晋于是'始启南阳'。夫阳樊、原者，即今之济源也，温犹温也，唯攒茅在修境内。四邑者皆为南阳，果如濂说，愈亦可为济、温之人，何但修武耶？濂者可谓徒费词说惑乱听闻者矣。"

难道古人的论证还不够清晰全面吗？

附：

《昌黎先生集考异》节选

朱熹《昌黎先生集考异》(上海古籍出版社、安徽教育出版社2001年12月第1版)卷十对《新书本传》的考辨中,关于韩愈家世的论述有理有据,令人信服。我们通读本篇,就会知道,朱熹这篇文章重点考证的是：韩愈南阳人说的那个南阳,是河内修武这一带的南阳,还是堵阳南阳那一带的南阳？重点是南阳。经过引用大量文献资料,朱熹得出了李白写韩仲卿《去思碑》中所说的韩仲卿南阳人的这个南阳地名,是河内修武这一带的南阳之地,而不是《新唐书·韩愈传》中所说的"韩愈,邓州南阳人"那个南阳之地,即堵阳南阳的那个南阳。夫子朱熹考证的南阳是一个大的历史地名,而不是专指一个小的区域。现抄录如下：

李白作文公父仲卿《去思碑》,云南阳人,而公常自称昌黎,李翱作公《行状》亦云昌黎某人。皇甫湜作《墓志》,不言乡里,又作《神道碑》,乃云上世尝居南阳,又隶延州之武阳。而《旧史》亦但云昌黎。今按：《新史》盖因李碑而加邓州二字也。然考《汉书·地理志》,有两南阳。其一河内修武,即《左传》所谓"晋启南阳"也。其一南阳堵阳,即荆州之南阳郡,字与赭同,在唐属邓州者也。《元和姓纂》《唐书·世系表》有两韩氏。其一汉弓高侯颓当玄孙骞,避乱居南阳郡之赭阳。九世孙河东太守术,生河东太守纯。纯四世孙安之,晋员外郎,二子潜、恬,随司马休之入后魏,为玄菟太守。二子都、偃,偃生后魏中郎颖,颖生播,徙昌黎棘城。其一则颖当裔孙寻,为后汉陇西太守,世居颍川,生司空稜,后徙安定武安。至后魏有常山守武安成侯耆,徙居九门,生尚书令、征南大将军、安定桓王茂。茂生均,均生晙,晙生仁泰,仁泰生叡素,叡素生仲卿,仲卿生会、愈,而中间尝徙陈留。以此而推,则公固颍川之族,寻、稜之后,而不得承骞之系矣。而洪兴祖所撰《年谱》,但以骞之后世尝徙昌黎,遂附《新史》之说。独以赭阳为均州,小有不同耳。及其再考二书而见公世系之实,则遂讳匿不敢复著仲卿、会、愈之名,而直以为不可考,今固不得而据也。唯方崧龄《增考》引董逌说,以为骞乃韩瑗、韩休之祖,而公自出于寻、稜,与二书合。其论南阳,则又云:今孟、怀州皆春秋南阳之地,自汉至隋,二州皆属河内郡,唐显庆中始以孟州隶河南府,建中中乃以河南之四县入河阳三城使,其后又改为孟州。今河内有河阳县,韩氏世居之,故公每自言归河阳省坟墓,而女挐之铭亦曰:归骨于河南之河阳韩氏墓。张籍祭公诗亦云:旧茔盟津北。则知公为河内之南阳人。其说独为得之。公诗所谓"旧籍在东都""我家本瀍谷",则必以地近而后尝徙居耳。但据此,则公与昌黎之韩异派,而每以自称,则又有不可晓者,岂是时昌黎之族颇盛,故随称之。亦若所谓言刘悉出彭城,言李悉出陇西者邪?然设使公派果出昌黎也,则其去赭阳已历数世,其后又屡迁徙,不应舍其近世所居之土,而远指邓州为乡里也。方又引孔武仲之说,亦同董氏。而王铚以为公生于河中之永乐,今永乐犹有韩文中乡,则其说为已详。盖其世系虽有不可知者,然南阳之为河内修武则无可疑者,而《新史》、洪《谱》之误断可识矣。

论韩愈故里之争

2006年5月，位于孟州市韩园（韩愈陵园）内的韩愈墓被国务院公布为第六批全国重点文物保护单位。孟州市作为韩愈故里，虽已在学界达成广泛共识，并得到国家的认可。孟州市也已多次以韩愈故里名义召开韩愈国际性学术研讨会和举办全国性活动，韩愈文化已成为孟州市对外宣传的一张亮丽名片。但社会上仍流传有韩愈故里"河北昌黎说"（韩愈故里在河北昌黎）、"河南南阳说"（韩愈故里在河南南阳）、"河南孟津说"（韩愈故里在河南孟津县）和"河南修武说"（韩愈故里在河南修武县）的观点。虽然每种说法都并非空穴来风，都有其自己的依据，但这些所谓的依据为何立不起来，为何不能让人信服，下面我逐一进行一下分析，请各位方家指正。

一、河北昌黎说

"河北昌黎说"的主要依据有两个。一是韩愈在文章中称自己为"昌黎韩愈"；二是《旧唐书·韩愈传》记载："韩愈，字退之，昌黎人。"

下面我从两个方面进行分析：

其一，关于郡望。

韩愈之所以常自称"昌黎韩愈"，与唐朝人以"郡望"自报家门的社会风气有关。

"郡望"一词来源于秦汉时期，其中"郡"是指行政区划，而"望"则指望族世家。郡望二字放在一起，就是指某一姓氏为某一区域内的名门望族。郡望的说法与汉代兴起的门阀制度有很大的关系，正所谓"上品无寒门，下品无士族"。士族就是指那些封建社会中地位显赫尊贵的高门大姓。高门大姓一旦形成就会长期存在，并能得到官方的认可和庇护。

一般来说，同为高门大姓也有高低等级之分，因此门阀制度就是一种等级制度。任何一个集体中都存在等级，同姓之间也是如此。受各种客观因素影响，生活在不同地区的同姓也拥有不同的社会地位，享有不同等级的社会待遇。那些地位更高的家族为了彰显自己的权势，就会在自己的姓氏前添加居住地的名称，郡望就由此形成。

比较有代表性的郡望包括陇西李氏、赵郡李氏、清河崔氏、博陵崔氏、范阳卢氏、荥阳郑氏和太原王氏。这就是古人所说的"五姓七族"。这种标榜郡望的风尚自魏晋时期开始大行其道，那些高门大姓的子弟不仅享有非常高的社会地位，在官职晋升方面也拥有更多的机会。

隋唐科举制度形成后，九品中正制才被废除，国家开始推行一种不问郡望不分门阀的新政策，郡望也从实际权力的象征逐渐向姓名标志转化。但郡望的影响力依旧存在。

据《史记》《汉书》《后汉书》《三国志》《魏书》《晋书》等史书记载，河阳韩氏与韩愈的郡望昌黎韩氏同为汉弓高侯颓当之后，两地韩氏可称一祖，自当一家。相比河阳韩氏一族，历史上韩愈的郡望昌黎韩氏在社会上的影响力更大，可谓名人高官辈出，仅唐朝就有四人高居相位：韩瑗，相高宗；韩休，相玄宗；韩滉，相德宗；韩弘，相宪宗。

因此，在郡望盛行的形势下，互称名族郡望，抬高身份，也就成了世人的常态。在当时的历史环境下，韩愈也难脱其俗，韩愈自称"昌黎韩愈"，只不过是为崇尚郡望、壮其门楣而已，与故里没有任何关系。

南宋儒学大师朱熹在考辨《新书本传》(《新唐书·韩愈传》)时对此已做了详尽的考证，郡望是郡望，与出生地无关。

其二，关于"河北昌黎县"与韩愈"郡望昌黎"的关系。

河北省秦皇岛市昌黎县根据《旧唐书·韩愈传》关于"韩愈，字退之，昌黎人"等文献的记载，提出了韩愈故里在河北昌黎县的观点。并通过多家媒体、多种渠道广泛宣传，在社会上产生了一定的影响。人民教育出版社中学语文室受此影响，在《全日制普通高级中学教科书第二册》(试验、修订、必修)中收录韩愈《师说》作注时称："韩愈（768—824），字退之，河阳（现在河南孟州）人，祖籍河北昌黎，世称韩昌黎。"

"韩愈，祖籍河北昌黎"是一种错误的解释。

由于历史年代的不同，相同的地名可能代表着不同的地理范围，所以，中国典籍记载的地名，被称为历史地名。早有学者对"昌黎"这个地名的演变做出过详细的考证。

"昌黎"作为一个地名，西汉时就已出现。韩愈所称"昌黎韩愈"的昌黎，比今河北省秦皇岛市昌黎县得名早约一千年。据《金史·地理志》记载，今天的河北昌黎县得名在金大定二十九年（1189年），而此时韩愈已去世365年。即使韩愈被追封为"昌黎伯"从祀孔庙的时间也在河北昌黎县得名100余年之前。

追本溯源，西汉时就在辽西郡设置了昌黎县。但遗憾的是《汉书》关于"昌黎"的记载并不那么清晰。《汉书·地理志》在"辽西郡"条目中并没有"昌黎县"的记载，仅有"交黎县"一名。东汉学者应劭在注解《汉书》时，在"交黎县"条目下注为："今昌黎。"三国时，魏明帝于正始五年（244年）依后汉制，在昌黎地置辽东属国，都尉治昌黎；不久，魏国又把辽东属国改为"昌黎郡"，郡治设在昌黎。对昌黎郡的建置，晋朝和后魏（北魏）、东魏、北齐等朝代均未做大的改动，直至隋朝建立后昌黎郡被取消。所以，"昌黎"作为一个郡名存在了约360多年。此时的昌黎郡管辖区域，基本在今辽宁省西部辽河以西的大凌河中下游及小凌河流域地区，范围相当于今锦州市和朝阳市一带，并没有管辖到河北省秦皇岛一带。

历史上，河北省秦皇岛市在西汉时虽然与古昌黎地同属辽西郡辖境，但到东汉设置辽东属国后，辽西郡被压缩到了远离辽河的滦河流域，即今秦皇岛市大部分辖区和紧邻的唐山市部分地区；昌黎郡建立后，情况也没有多大变化，隋朝建立之后，对全国建置进行了大规模的改革，其中就把东汉设置的辽西郡（昌黎郡）与晋朝设置的北平郡合并为"北平郡"。

"昌黎"的建置取消后，地名的概念并没有一下子消除，到唐朝时不少人依然把原来的昌黎郡管辖的区域称作"昌黎"。贞观三年（629年），唐朝也曾在今北京市通州区东（一说在今内蒙古自治区喀喇沁旗）再次设立昌黎县，但因古昌黎之名过于响亮，没能成为定称。

今天的河北省昌黎县在西汉时也曾归辽西郡管辖，东汉并入临渝，晋朝纳入海阳县地，北魏、东魏、北齐时为平州治所（领"辽西""北平"两郡）和辽西郡治所在古肥如县，隋朝为北平郡治所在新昌（后改名"卢龙"）县，唐朝改属平州北平郡石城县。唐朝后期，隋朝时属辽西郡的营州柳城郡治所（原在龙城，即今辽宁省朝阳市）改置于此，开始与"营州"结缘。公元923年，辽太祖在此设立了营州领海军，并迁定州俘户与此，置县"广宁"。

公元1189年，也就是金大定二十九年，金世宗因平州（当时昌黎属治所在卢龙的平州）广宁县与广宁府（治所在今辽宁省北镇市）重名，才重新启用久废的"昌黎"作为广宁县的新县名。自此，"昌黎"才成为今河北省昌黎县的名称，沿袭至今。

所以，今昌黎与古昌黎相比，在时间上相隔有近600年，在地理位置上相去有五六百里。这一地名现象，用考察过古、今昌黎的明末清初的著名学者顾炎武的话说，就是"同名而异地也"。

宋神宗元丰七年（1084年）封韩愈为"昌黎伯"时，也是根据韩愈的"郡望"追封的。因为那时的河北昌黎县还是金朝的控制版图，并不属于宋朝的控制版图。宋朝皇帝也不可能去金朝的国土范围之内封赏一个汉族的儒家先贤韩愈为"昌黎伯"。

因此，古、今昌黎"同名而异地也"。"河北昌黎说"所引用的史料是经不起考证的。

二、河南南阳说

"河南南阳说"出自《新唐书·韩愈传》。《新唐书》的作者根据李白的《武昌宰韩君去思颂碑》中说，韩愈的父亲"名仲卿，南阳人也"。又因宋时南阳属邓州所辖，写史书之人未能对历史地理变迁进行详加考证，而轻率下笔形成了"韩愈，字退之，邓州南阳人也"的记载。

山之南，水之北被称之为阳地。中国历史上被称之为南阳之名，地理范围较大的主要有两个地区。一是河南济源至新乡朝歌一带，黄河以北太行山以南之地，曾称南阳。这里是周王赐给晋王之地，故称之为"晋启南阳"之地。二是今天的河南省南阳市，位于伏牛山之南汉水之北而得名，历史上属楚地。那么李白所说的南阳是哪个南阳呢？

从李白《去思碑》中所言"昔延陵知晋国之政""献子虽不能遏屠岸之诛"等句，记录的全是晋国的故事可知，李白在这里所说的南阳应为春秋时的晋地，即太行山以南、黄河以北的南阳，而不是战国时期的楚地。郦道元《水经注·清水》中也记载了晋地南阳。"晋地自朝歌以北至中山为东阳，朝歌以南至轵（济源市）为南阳"。

把河阳称为南阳的史料有很多，最具说服力和代表性的当然是孟州出土的唐代墓志。

1997年出土于孟州市西虢镇西窑村北岭上的《唐监察御史张公夫人彭城刘氏墓志铭》，经考证刘氏乃唐徐州刺史、礼部尚书张建封之妻。张建封在《新唐书》有传，"邓州南阳人，客隐兖州"。关于张建封埋葬地点，其墓志这样记载："（贞元十六年）五月三日庚戌，薨于镇，享龄六十有五，敕赠司空。郎官二人吊祭赠物五百，明年二月十日壬寅，甫窆于河阳县太平乡虢村之原，祔秘书之墓域，礼也。"秘书是指张建封的父亲，其父因张建封职位被追赠秘书郎一职，说明张建封是葬在河阳县的祖茔之中。墓志与出土地点相互印证，足以证明，张建封是南阳人中的这个"南阳"，其实就是唐河南的河阳，即今孟州市。张建封的墓冢目前尚存。

孟州市出土的另一块唐代墓志《某君令宾墓志铭》记载："令宾，南阳人，唐显庆二年（657年）卒于家第，葬河阳北原，礼也"。

从这几块墓志的记载可知，把"河阳"称为"南阳"，是当时的一种社会风俗和习惯，不应做过度解读。

今天有南阳学者提出，即使南阳不是韩愈的故里，也应是韩愈的祖籍地。经考证，韩愈的远祖韩增在两汉之交、王莽之乱时曾避乱于此。但这不是一两句话能说清楚的。

三、河南孟津说

"河南孟津说"的所谓依据就是唐代文学家张籍在《祭退之》诗中的:"旧茔盟津北"。张籍的这句诗被某些人解释为"韩愈的祖坟在河南省孟津县的北面。"新出版的《孟津县志》中也记载:"韩愈,洛阳孟津县人。"真的是这样吗?让我们来了解一下孟津与孟津县的演变历史及其渊源。

"孟津"也有写作"盟津"的。作为历史地理名词,它最早出现在《尚书·禹贡》中:"导河,积石,至于龙门,南至于华阴,东至于砥柱,又东至于孟津。"历史上在此地发生的最有名的事件,当然就属武王伐纣。武王伐纣的时间,《史记》说是"十一年十二月戊午",而《尚书·泰誓》的孔安国传则写为"十三年正月二十八日(戊午)",众说不一。《史记·周本纪》:"武王遍告诸侯曰:殷有重罪,不可以不毕伐。乃遵文王,遂率戎车三百乘、虎贲三千人、甲士四万五千人,以东伐纣。十一年十二月戊午,师毕渡盟津,诸侯咸会,曰:'孳孳无怠!'武王乃作《泰誓》。"

《尚书·周书·泰誓》上篇:"惟十有三年,春,大会于孟津。"宋朝学者蔡沈注:"孟津,见《禹贡》。"即按《禹贡》关于"孟津"的注:"孟,地名,津,渡处也。杜预云'在河内郡河阳县南',今孟州河阳县也。武王师渡孟津者即此,今亦名富平津。"据乾隆《孟县志》记载和民间传说,商朝晚期,周武王与八百诸侯、数万甲士会盟处,在今洛阳市吉利区冶戍镇里仁村以西的北陈、南陈、白坡一带。陈字古与阵字同,北陈、南陈即为当时驻扎军队的营盘。昔日,北陈村东南两堆巨大的土堆,据传为周武王与姜子牙的阅兵台。唐朝武德三年(620年),曾改河阳县为盟州,也来源于此。

那么，孟津县的历史沿革又是怎样呢？

《孟津县志》记载：孟津，周设平阴、谍城两邑，战国为韩地；秦改邑为郡县，称谍城、平阴县；西汉为谍城、平阴、平县三县辖，隶属河南郡；王莽改平县为治平县，东汉复改治平为平县；三国魏时并平县、平阴、谍城县三县为河阴县，隶属河南郡；晋至南北朝时，归属屡变，但县名未改，东晋置河阴郡；隋并河阴入洛阳县，隶属河南郡；唐武德二年（619年）置大基县（治今孟州西），八年（625年）省。咸亨四年（673年）复置，先天元年（712年）更名河清县，属河南府。（唐初划河阴出洛阳跨黄河置大基县，后改为柏崖县、河清县，隶属河南郡）；宋开宝元年（968年）徙治于白坡镇（今洛阳市吉利区内）。宋时为河清县，隶属河南府；金熙宗天眷三年（1140年）废河清县改县名为孟津。金改河清县为孟津县后，经元、明、清、中华民国至今，县名未改。

由此可知，金熙宗天眷三年之后才有了孟津县，所以唐朝人写的"旧茔盟津北"并不是指今天孟津县的北面。

这我们就很清楚了，张籍在《祭退之》中的这句"旧茔盟津北"，十分明确地指出韩愈祖茔的位置，就在孟津渡口北方之地。孟州市的苏庄村正位于孟津渡口的北方。

一个金代才开始使用的县名，非要和500年前唐代的一个相同地名联系起来，还要大书特书，"孟津说"是不是有点关公战秦琼的味道？

四、河南修武说

"河南修武说"主要是依据南宋大儒朱熹《昌黎先生集考异》卷十考辨《新唐书·韩愈传》时所说"盖其世系虽有不可知者，然南阳之为河内修武则无可疑者,而《新史》、洪《谱》之误断可识矣"而来。其实这是由于后来学者未能对朱子全文细加研究,在理解上出现谬误,从而得出"韩愈故里在修武"这一结论。朱熹在中国历史上的地位特殊,此结论南宋之后流传开来。前文已对朱熹的观点进行过相关的考证,这里就不再展开。

从某种程度上讲,韩愈故里"河南修武说",也是孟州、修武两地韩愈后裔的兄弟相残所致。

据乾隆《孟县志》记载,韩法祖的祖父韩国龙在明代,韩法祖的父亲韩上在清代,都已被朝廷委任为负责韩文公祭祀的奉祀生员。而韩法祖认为,负责韩文公祭祀活动,仅授予奉祀生员是不够的,应授予翰林院五经博士。于是从雍正四年(1726年)开始,他就一直向清廷申请五经博士一职。经过多次申请,到了乾隆三年(1738年),清朝政府终于批准了韩法祖的请求,使韩法祖成了负责韩文公祭祀活动的首任翰林院五经博士,并且其子孙可永远世袭继承。但由于韩法祖没有子嗣,家族内部后来在翰林院五经博士的承袭问题上产生了较大分歧,并最终酿成诉讼纷争。中国第一历史档案馆宫中朱批奏折卷中,保存的乾隆四十八年(1783年)河南巡抚李世杰的奏折,对整个事件的来龙去脉有着详细的记录,并且乾隆皇帝也在奏折上进行了御批。

奏折的首句"窃查孟县五经博士韩法祖病故无子",就十分明确地说韩法祖是孟县人,不是别的其他地方人。奏折中还写明,修武韩氏确为韩愈后裔:"韩法祖七世祖玉珍与韩伯虎八世祖玉环系同胞兄弟,玉环迁居修武,现有宗祠及文公故里碑碣,班班可考。"

而有人则专门把"现有宗祠及文公故里碑碣,班班可考"这一句提出来,解释为"这不是非常清清楚楚地可以考证修武有韩文公宗祠、韩文公故里碑存在吗？"可是这些人在引用这句话时为什么省略了这句话的前提"韩法祖七世祖玉珍与韩伯虎八世祖玉环系同胞兄弟，玉环迁居修武"呢？还有一点请注意：我们不要忘记了李世杰的这篇奏折是在考证了"韩愈故里在孟县"的基础上才上奏朝廷的。

孟县五经博士韩法祖无嗣。由于家族内部的原因，他并没有在孟县的韩愈后裔，即韩玉珍的后人中选择继子，却在修武的韩愈后裔，即韩玉环的后人中选择了韩伯虎为嗣。于是，韩法祖去世后，韩伯虎就顺理成章地承袭了翰林院五经博士之职。但之后，由于种种原因，韩伯虎又返回了修武定居，"韩伯虎住居隔县"。孟县以韩进宏、韩进贵为首的韩愈后裔为了不使世袭五经博士之职流落到修武县去，便以韩伯虎"并非同宗，今继为韩法祖之子，将名刊入家谱，将来恐致紊乱宗支"为由，请求清廷"将韩伯虎之名于谱内销除"，剥去韩伯虎的翰林院五经博士爵位。后经清廷部核复后，"另选现在业儒之韩九龄，咨请承袭博士"，并判韩伯虎"虽为韩法祖继子，但现因结讼有案，其子孙永远不准承袭"。据孟州市小韩庄现存《韩文公家谱》记载："韩伯虎死后葬在孟县，其子韩江、韩汗返原籍修武。"这件事，就让孟州韩氏和修武韩氏结下了世仇。

"本是同根生，相煎何太急"，这惊世的诗句本是曹操的儿子曹植面对骨肉相残发出的悲愤哀鸣。谁又能想到，这种为名、为利的家族悲剧故事竟也会发生在韩愈后代子孙身上？

附：

韩文公墓志铭

唐皇浦湜撰故吏部侍郎赠礼部尚书谥文公昌黎韩先生墓志铭并序：

长庆四年八月，昌黎韩先生既以疾免吏部侍郎，书谕湜曰："死，能令我躬所以不随世磨灭者，惟子！以为嘱。"其年十二月丙子，遂薨。明年正月，其孤昶，使奉功绪之录，继讣以至。三月癸酉，葬河南河阳，乃哭而叙铭其墓，其详将揭之于神道碑云。

先生讳愈，字退之，后魏安桓王茂六代孙。祖朝散大夫桂州长史讳叡素，父秘书郎赠尚书左仆射讳仲卿。先生七岁好学，言出成文。及冠，恣为书以传圣人之道，人始未信。既发不掩，声震业光，众方惊爆，而萃排之。乘危将颠，不懈益张，卒大信于天下。先生之作，无圆无方，至是归工。抉经之心，执圣之权，尚友作者，跋邪觝异，以扶孔氏，存皇之极。人知人罪，非我计。茹古涵今，无有端涯，浑浑灏灏，不可窥校。及其酣放，豪曲快字，凌纸怪发，鲸铿春丽，惊耀天下。然而栗密窈眇，章妥句适，精能之至，入神出天。呜呼极矣，后人无以加之矣，姬氏已来，一人而已矣！

始先生以进士三十有一仕。历官，其为御史、尚书郎、中书舍人，前后三贬，皆以疏陈治事，廷议不随为罪。常惋佛老氏法溃圣人之堤，乃唱而筑之，及为刑部侍郎，遂章言宪宗迎佛骨非是，任为身耻，上怒莫测，先生处之安然，就贬八千里海上。呜呼！古所谓"非苟知之，亦允蹈之"者耶？吴元济反，吏兵久遁无功，国涠将疑，众惧悯恼,先生以右庶子兼御史中丞行军司马,宰相军出潼关,请先乘遽至汴,感说都统,师乘遂和,卒擒元济。王庭凑反,围牛元翼于深,救兵十万,望不敢前,诏择廷臣往谕,众栗缩,先生勇行。元稹言于上曰:"韩愈可惜。"穆宗悔,驰诏无径入,先生曰:"止君之仁,死臣之义。"遂至贼营,麾其众责之。贼惶汗伏地,乃出元翼。《春秋》美臧孙辰告籴于齐,以为急病,校其难易,孰为宜褒?呜呼!先生真古所谓大臣者耶!还拜京兆尹,敛禁军,帖旱籴,齮幸臣之铓。再为吏部侍郎。薨年五十七,赠礼部尚书。先生与人洞朗轩辟,不施戟级。族姻友旧不自立者,必待我,然后衣食嫁娶丧葬。平居虽寝食,未尝去书,急以为枕,餐以饴口,讲评孜孜,以讲诸生。恐不完美,游以诙笑啸歌,使皆醉义忘归。呜呼!可谓乐易君子巨人者矣。夫人,高平郡君、范阳卢氏;孤,前进士昶;婿,左拾遗李汉、集贤校理樊宗懿;次女许嫁陈氏,三女未笄。

铭曰:

维天有道,在我先生。万颈胥延,坐庙以行。令望远闻,疴此四方。惟圣有文,乖微岁千。先生起之,焊役于前。骥义滂仁,耿照充天。有如先生,而合亘年。按我章书,经纪大环。啥不时施,昌极后昆。噫嘻永归,奈知之悲。

张建封其人其事

张建封,字本立,唐代中期的著名将领,新、旧《唐书》均有传。张建封墓位于孟州市城西8公里的西虢镇西窑村北岭上,墓志清代前期已出土(后不知所终),乾隆版《孟县志》卷二《冢墓》录有该墓志全文(下简称《张志》)。张建封之妻刘氏的墓志,1997年出土于孟州市西虢镇西窑村北岭上(张建封墓附近,下简称《刘志》),2001年被孟州市博物馆收藏。本书中另有专文考证。

《张志》记载的史实与新、旧《唐书》的记载各有侧重,可互为补充,对我们研究张建封的生平和唐代中期的社会状况有重要价值。

一、张建封家世

《张志》载:"曾祖最,谏议大夫。"可补史阙。

《张志》又称:"祖行轨,洪州南昌令,赠邓州刺史。"而《旧唐书》则载:"祖仁范,洪州南昌县令。贞元初,赠郑州刺史。"二文所载其祖名字和所赠官衔均不符,应以志文为是。

《张志》记载:"父玠,高尚邱园,赠秘书监。出谷不应,入林长往。"对其父张玠的记载比较简单。《旧唐书》记载:"父玠,少豪侠,轻财重士。安禄山反,令伪将李庭伟率蕃兵胁下城邑,至鲁郡;太守韩择木具礼郊迎,置于邮馆。玠率乡豪张贵、孙邑、段绛等集兵将杀之。择木怯懦，大惧；唯员外司兵张孚然其计，遂杀庭伟并其党数十人，择木方遣使奏闻。择木、张孚俱受官赏，玠因游荡江南，不言其功。以建封贵，赠秘书监。"可见《旧唐书》对其父张玠的记载还是十分详细的，很好地解释了《张志》中言其父"出谷不应，入林长往"的记载。

新、旧《唐书》仅载其子一人，名愔。而《张志》则记载其有子十一人，女七人，可补史阙。子中长曰愉，前河南府参军。次惇。次愔，起复徐州刺史兼御史中丞、节度留后。次忱，太庙斋郎。次恤、愓、怡、慥、惊、怙、协。女七，一适校书郎陇西李君房，余并孩幼。诸子中三子张愔最为著名，愔以荫授虢州参军。起复右骁卫将军，同正兼徐州刺史、御史中丞，充本州团练使，知徐州留后。授武宁军节度、检校工部尚书。元和元年，被疾上表请代，征为兵部尚书。卒，诏赠右仆射。《张志》中所记愔的官职，与新、旧《唐书》记载相符。

二、张建封之妻刘氏

《张志》记载："公重婚，皆彭城刘氏。其初，齐州录事参军，曰祈之女；其后长安尉灏之女。……皆同穴焉。"说明张建封之妻有两位，均为彭城刘氏，卒后葬在一起。《刘志》应为张建封前妻刘氏的墓志。墓志称："年廿一，备礼言归，则四德聿修，六姻克谐。天宝末，乾纲失纽，祸起幽蓟，戎马荐至，毒痡中州。夫人言从所天，违难南迁，秉礼守度，以道自处，虽箪瓢屡空，其志一焉。年二十有六，终于吴之旅舍，粤大历戊午岁冬十一月廿七日，始获旋，窆于河阳北原，以金革未夷，缓也。有女一人，年在髫龀，已知号慕。是时也，张公方戴铁冠，杂戎旃，抚宁梁郑，遐迩钦瞩。"《刘志》上这段话的意思是说天宝十四年（公元755年），安禄山在范阳发动叛乱，南犯至河南，刘氏随张建封南迁江南，生活不定，年二十有六，就死在了吴地。有女一人。直到唐大历十三年（778年），才归葬河阳北原（今河南孟州市）。"是时也"，指大历十年（775年）。查《新唐书》，张建封这一年在马燧的推荐下，任监察御史，所以说刘氏墓志题"唐监察御史张公"，与此时张建封所任官职是相符的。

刘氏系出豪门。《刘志》载："夫人讳，兵部尚书武陵公赡之曾孙，齐州录事参军曰祈之长女也。"《新唐书·宰相世系表》载："刘氏定著七房：一曰彭城，二曰尉氏，三曰临淮，四曰南阳，五曰广平，六曰丹阳，七曰南华。宰相十二人。彭城房有滋、文静、瞻。"说明彭城刘氏为名门望族。

《刘志》记载，由于安史之乱，其随夫移居江南，二十六岁死时，"有女一人"。《张志》记载："女七，一适校书郎陇西李君房，余并孩幼。"这说明张建封第二任夫人生女六人。因此，嫁于李房者，则应是其长女即前妻刘氏所生之女。

三、张建封本人的宦历

新、旧《唐书》对张建封的生平、官宦履历情况记载较为详尽，但与墓志记载略有出入。现考证如下：

1. 《张志》载："永泰中，湖南廉使韦之晋辟为宾僚，奏授武贲。"与《旧唐书》记载不同。

《旧唐书》记载："宝应中，李光弼镇河南，时苏、常等州，草贼寇掠郡邑，代宗遣中使马日新与光弼将兵马同征讨之。建封乃见日新，自请说喻贼徒，……贼党数千人并诣日新请降，……大历初，道州刺史裴虬荐建封于观察使韦之晋，辟为参谋，奏授左清道兵曹。"

永泰年号仅存两年，第二年即改为大历元年（766年）。因此，两文中的"永泰中"和"大历初"并不矛盾。张建封最早授职时间应为大历元年，即公元766年。官职为兵曹，即武贲，勇猛之士也。后又投滑台节度使令孤彰，义不协，又去。后又投刘尚书晏，奏授大理评事。关于刘晏，新、旧《唐书》有传。大理评事，即大理寺评事。《旧唐书·职官志》记载：评事十二人，从八品下。

2.《张志》载："大历中，河阳三城使马大夫燧躬为之介，奏除监察御史，赐章绶。"马燧，唐代大将，新、旧《唐书》有传。《旧唐书·马燧传》载："大历十年（775年），燧为河阳三城镇遏使。辟为判官，奏授监察御史，赐绯鱼袋。"二文对照，张建封任监察御史的时间为大历十年（775年）。监察御史，共十五人，原为正八品下。《旧唐书·职官志》记载：正第八品上阶：监察御史，旧从八品上，垂拱令改。垂拱年（685—688年）令改，即改从八品上为正八品上。而《新唐书·百官表》记载监察御史为正八品下，我们认为应以《新唐书》记载为是。张建封任此职时为大历十年，即公元775年，晚于垂拱年应为正八品下。

3.《张志》载："时李灵曜叛，换公佐钧车讨伐，资硕画，收大梁。"唐大历十一年（776年），汴城都虞侯李灵曜叛乱，张建封跟随马燧参加了平叛，"军务多咨于建封"。说明在此次平叛中，张建封起到了很大作用。

4.《张志》载："又从马公迁镇并部超拜侍御史。"《新唐书·张建封传》："从镇河东，授侍御史。"关于侍御史，《旧唐书·职官志》载："从第六品下阶。侍御史，旧从七品上，垂拱令改。"《新唐书·百官志》载："侍御史六人，从六品下，掌纠举百僚及入阁承诏，知推弹杂事。"因其从正八品下直接升为从六品下，因此《张志》用"超拜"二字，即越级提拔。

5.《张志》载:"梁崇义跋扈汉南,……擢公岳州刺史。"关于任岳州刺史,《旧唐书·张建封传》记载更为详细:"建中初,燧荐之于朝,杨炎将用为度支郎中,卢杞恶之,出为岳州刺史。"《旧唐书·地理志》记载:"岳州,下。"下,即为下等州。《旧唐书·职官志》载:下州,刺史一员,正四品下。由上可看出,张建封此次也为越级提拔。

6.《张志》载:"建中四年,迁寿州刺史。"建中四年,即公元783年。《旧唐书·地理志》记载:"寿州,中。"《旧唐书·职官志》载:中州,刺史一员,正四品上。

7.《张志》载:"诏加淮南节度副使兼侍御史。"

《新唐书·地理志》载:"淮南道,盖古扬州之域。"《新唐书·百官志·外官》载:"其后,有持节为节度副大使知节度事者,正节度也。诸王拜节度大使者,皆留京师。"不知当时张建封是否持节,知节度事,待考。侍御史为其兼职。

8.《张志》载:"乃兼中丞,策勋也。"

《新唐书·百官志》:"御史台,大夫一人,正三品。中丞三人,正四品下。"张建封于建中四年(783年)已为正四品上,中丞尚为正四品下。因此,这里的策勋仅是一种嘉奖。新、旧《唐书》无载。

9.《张志》载:"贞元五年,录其茂勋,进拜徐州刺史,徐、泗、濠等州节度观察使,兼御史大夫。"

《新唐书·张建封传》载:"贞元四年,拜御史大夫,徐、泗、濠节度使。"《旧唐书·张建封传》则记载:"贞元四年,以建封为徐州刺史兼御史大夫,徐、泗、濠节度支度,营田观察使。"

以上三文关于张建封履历的记载均不相符。我们分析,张建封任御史大夫,应为贞元四年(788年),同年不久又被任命为徐、泗、濠等州观察使。贞元五年(789年),"进拜徐州刺史,徐、泗、濠等州节度观察使,兼御史大夫"。

御史大夫,《新唐书·百官志》载:"御史台,大夫一人,正三品。"张建封为外官,此职应为兼职。观察使,《新唐书·百官志》记载:"观察处置使,掌察所部善恶,举大纲,凡奏请皆属于州。"观察使即观察处置使,乾元元年(758年)以前称为巡察使、按察使或按察采访处置使等。乾元元年,改曰观察处置使。

徐州刺史,《旧唐书·地理志》载:"徐州,上。"《旧唐书·职官志》记载:"上州,刺史一员,从三品。"此前,张建封已为正三品,任徐州刺史后,不可能降为从三品,应仍为正三品。

所以,当时张建封的徐州刺史为实职,其余官职均为兼职。

10.《张志》载:"(贞元)十年(794年),加检校中郎、尚书、南阳县开国男。"

此记载,新、旧《唐书》均无载,可补史阙。《张志》所载尚书为何部尚书?《旧唐书·张建封传》载:"(贞元)七年(791年),进位检校礼部尚书。"由于张建封一直为外官,任礼部尚书也应为虚职。吏、户、礼、兵、刑、工六部尚书均为正三品。南阳县开国男,为其爵位。其晋封时间是贞元十年还是贞元七年,应以墓志为准。

11.《张志》载:"迁检校尚书、右仆射,崇德也。"

《新唐书·百官志》载:"尚书,左、右仆射,从二品。"

12.《张志》载:"十三年(797年)秋,朝于京师……御制诗,宠别盛矣哉。"

关于张建封奉旨进京之事,《旧唐书·张建封传》记载:"十三年(797年)冬,入觐京师。"《新唐书·张建封传》记载:"十三年(797年)来朝。"说明张建封入京时间应为贞元十三年(797年)秋冬之季。

关于御赐诗文的时间,《旧唐书·张建封传》记载较为详细:"十四年春上巳,赐宰臣百僚宴于曲江亭,特令建封与宰相同座而食。"《旧唐书·张建封传》载:"建封将还镇,特赐诗。"《新唐书·张建封传》载:"其还镇,帝赋诗以饯。"这说明皇上赐诗应为张建封将返回方镇时,即贞元十四年(798年)春季。应以墓志为准。

13.《张志》载:"十六年(800年)夏,……五月十三日庚戌,薨于镇,享龄六十有五,敕赠司空。"

关于张建封享年,《旧唐书·张建封传》记载其享年六十六,与《张志》载享年六十五岁相差一岁。这可能是由于中国传统纪年法的虚岁和周岁有别引起的,志文所载应为其周岁。所以,张建封享年应以《张志》记载为准。

关于其敕封:新、旧《唐书》均记载为"册赠司徒",而《张志》则记载为"敕赠司空"。新、旧《唐书》记载可能有误,应遵照《张志》记载为准。

四、张建封葬地

史书无载,《张志》记载较详,可补史阙。《张志》载:"明年二月十日壬寅,甫窆于河阳县太平乡虢村之原,祔秘书之墓域,礼也。"

这里的"明年"即其薨后第二年的唐贞元十七年(801年),葬于今河南省孟州市西虢镇西虢村北。同时说明,唐代此地为太平乡,虢村之名,唐代已有。"祔秘书之墓域"中的"秘书"是指张建封之父张玠,张玠因其子张建封职位高贵,被朝廷追赠秘书监。这也进一步说明张建封父亲的墓也在这里,这个地方是张建封一族的祖茔地。

五、张建封籍贯考

关于张建封的籍贯,史书记载各不相同。《旧唐书·张建封传》记载:"兖州人。"《新唐书·张建封传》记载:"邓州南阳人,客隐兖州。"对于新、旧《唐书》的不同记载,《新唐书》作了注释说明。《旧唐书》因张建封曾客隐兖州,误将张建封隐居之地当成其故里,所以《旧唐书》的记载是错误的。

那么《新唐书》的记载是否正确呢?我认为也是错误的。应以《张志》为准。《张志》载张建封"南阳人",《新唐书》却载张建封为"邓州南阳人"。由于志文前没有加州郡之称,这就给我们的判断造成了一定的困难,张建封的籍贯到底是哪里?

中国历史上有两个地方称南阳,其一为春秋战国时期,黄河以北、太行山以南这个地方,称为南阳。

《左传·僖公二十五年》记载:"戊午,晋侯朝王,王享醴,命之宥。……与之阳樊、温、原、欑茅之田。晋于是始启南阳。"《水经注》云:"修武,故宁也,亦曰南阳矣。"并引东汉经学家马融的话:"晋地自朝歌以北至中山为东阳,朝歌以南至轵为南阳。"应劭《地理风俗记》亦云:"河内,殷国也,周名之为南阳。又曰:晋始启南阳。今南阳城里是也。"这说明,当时不仅有南阳城(即今河南省修武县西北30里安阳城村内。道光乙亥《修武县志》载:"春秋南阳城在县北三十里,又名安阳城。"),而且朝歌以南至轵(今河南省济源市)通称为南阳。河阳县也在其内。

其二,《新唐书·地理志》载:"邓州南阳郡,领县六。"其中有南阳县,该南阳郡即今南阳市。

唐代中期以后,韩愈倡导的古文运动号召人们学习战国时期的文风,以抵制南北朝以来盛行的骈体文。因此,在社会上兴起了一种尊崇战国时期文风的社会现象,说起人的籍贯也以春秋战国时期的名称称之。因此,张建封的籍贯,在当时的文风影响下称其为南阳人也是可以理解的。

所以，《张志》"南阳人"的"南阳"应为春秋战国时的南阳，非邓州南阳。撰写《新唐书》者因宋时的南阳县属邓州管辖，未能详加考证，就在"南阳人"前面加上"邓州"二字，从而引起了后人的误解。这与《新唐书》记载韩愈"邓州南阳人"如出一辙。正如朱熹先生所讲，"《新史》盖因李碑而加邓州二字也"。

另，由前面的介绍可知，张建封、建封之妻刘氏均葬在孟州市西虢镇西窑村北岭上。由"祔秘书之墓域，礼也"，可知张建封父亲张玠墓也在这里。因此，唐河阳县太平乡虢村就是张建封家族的祖茔所在地。所以说，称张建封为南阳人，也就是说是唐河阳县人，即今河南孟州市人，这是没有任何疑问的。

由此类推，曾担任张建封幕僚的韩愈，其籍贯在《新唐书》中同样记载其为"邓州南阳人"，说明韩愈与张建封是同乡。韩愈也是唐河阳县人，即今河南孟州市人，这也是没有任何疑问的。

附：

徐州刺史赠司空张建封墓志

张建封墓位于孟州城城西十六里西虢镇西，墓志清代前期已出土，后不知所终。乾隆《孟县志》卷二《冢墓》有《张建封墓志》，全文如下：

郑士林撰司空张公墓志铭

公讳建封，字本立，姓张氏，南阳人。夫其列于星辰，歌于风雅，释之以守法，闻君游以无私，称宗也。勇略衡也，才艺昭焕，湘素矣。曾祖最，谏议大夫，官箴王阙，匪躬余裕。祖行轨，洪州南昌令，赠邓州刺史。宏割鸡之理，有留犊之贞。父玠，高尚邱园，赠秘书监。出谷不应，入林长往。公少也，宏茂迥肬，孤立弱冠，逢蓟门乱，常因发愤感慨，潜授兵术。永泰中，湖南廉使韦之晋辟为宾僚，奏授武贲。道不同，去。其后，滑台节将令狐彰请倅戎务，义不协，又去。刘尚书晏奏授大理评事，由是著闻。大历中，河阳三城使马大夫燧躬为之介，奏除监察御史，赐章绶。时李灵曜叛，换公佐钧车讨伐，资硕画，收大梁。又从马公迁镇并部，因朝对陈事合于宸聪，超拜侍御史。梁崇义跋扈汉南，忱犯邻境，擢公岳州刺史。巴陵古戍，威行走集。李希烈背诞淮宁，流毒逾甚。建中四年（783年），迁寿州刺史，以傍临剧贼，切于捍蔽，诏加淮南节度副使兼侍御史。俄而，凶徒转盛，分兵侵轶，刘大夫洽弃戈矛，李都统勉失梁宋，大盗僭宝位。荆、河阳、兖,怛骇离析,公独守散地,矗如长城。会有朱泚之难,銮舆南幸。希烈使其党杨丰賞伪赦书,将狗江表假令,寿阳公令斩首传送行在所,贼师自此不敢西窥四关,东度三洲,以至于死败繫公之力。乃兼中丞,策勋也。寻加御史大夫,庐、寿等三州观察使。初,西寇凭陵疆场日骇,公驰斥堠从垣夷,密图备御,无废耕织。贞元五年(789年),录其茂勋,进拜徐州刺史,徐、泗、濠等州节度观察使,兼御史大夫。十年(794年),加检校中郎、尚书、南阳县开国男。迁检校尚书、右仆射,崇德也。十三年(797年)秋,朝于京师,执壤奠,比邦功,郊迓庭实,七牢三献,康侯之蕃庶,申伯之褒赏,咸在焉。觐仪久阙,由公复振。使车言旋,御制诗,宠别盛矣哉。十六年(800年)夏,寝疾,抗表求解职,归东都就医,皇恩弗许。五月十三日庚戌,薨于镇,享龄六十有五。敕赠司空,郎官二人吊祭,赠物五百。明年二月十日壬寅,甫窆于河阳县太平乡虢村之原,祔秘书之墓域,礼也。公重婚,皆彭城刘氏。其初,齐州录事参军,曰祈之女;其后长安尉灏之女。柔明壮淑,相继凋殒,皆同穴焉。男十一人。长曰愉,前河南府参军。次惇。次愔,起复徐州刺史兼御史中丞、节度留后。次忧,太庙斋郎。次恦、惕、怡、愢、惊、怗、协等,凤雏骥子,方应骏逸。孝嗣参军,哀亲,在外戍庐冢,遂见之者伤怀。七女。一适校书郎陇西李君房。余并孩幼。公之殁也,阖境怀旧,纷纭绎骚,中司以一室孤藐,遭三军迫胁,惊起苦幽之间,俾居师旅之上,议者曰:"杀身非难,处死诚难,保家非大,匡国为大,无何?"急宣飞诏,竟以权夺。是故,墨缞泣血,金革即戎,嗟乎!徐土从张,如卫人立晋公,常欲启十乘摧四裔,岂悟招号而乱作,幼辱而家殆。天波荡洗,后嗣克全,今反虞设奠,来还洛邑,愉率其伯仲,与言曰:"可以俱西共成先君之志,彼一弟受绁,虽至颠沛,何恨乎?"恭闻司空质方纯固，内外如一，虽动叶机深而意无将迎，雅好读书，但觇圣贤规格，忠贞操行而已。不练词藻，为文卓异，交契也。不以穷达，易心期也。不以存亡变，身既尊宠，仍亲布素。自垂髫逮于耆艾，不践斜径，不友匪人，不苟完，不尸禄。位至公侯方召，能以荣名始终，无尺枉寻，直狐裘羔袖之累。徐方将卒多而钱谷少，公约口以率下，奉律以齐众，靡有携怨，若同体肤，视予犹父。今则亡矣，丧汉高之一杰，失天下之东藩。辍朝罢市，曷云可赎，器有必朽，铭无不传。

词曰：

国有征东，题于墓道。咸黜千纪，言尊在镐。经营毕力，感激将老。未至盐梅，忽归松草。北瞻太行，南望小平。坤舆托体，山岸无倾。万古悠扬，永垂德声。

唐刘氏墓志考

——兼论韩愈故里

唐张建封之妻刘氏的墓志，1997年出土于孟州市西虢镇西窑村北岭上，2001年由孟州市博物馆收藏。

墓志为青石质，无盖，方形。边长47厘米，厚8厘米。正书17行，志中内题1行，撰者1行，志文11行，铭文4行，满行18字，计295字。除个别字

图一　《张建封妻刘氏墓志铭》拓片

迹不清外，余均清晰可认。志文由河南府偃师县尉徐岱撰，无写丹者姓名。但字迹端庄秀美，堪称唐书之上品（见图一）。志文如下：

唐监察御史张公夫人彭城刘氏墓志铭并序
河南府偃师县尉徐岱撰
夫人讳，兵部尚书武陵公赡之曾孙，齐州录事参军曰祈之长女也。

婉懿贞纯，发乎成明。年廿一，备礼言归，则四德聿修，六姻克谐。天宝末，乾纲失纽，祸起幽蓟，戎马荐至，毒痛中州。夫人言从所天，违难南迁，秉礼守度，以道自处，虽箪瓢屡空，其志一焉。年二十有六，终于吴之旅舍，粤大历庚午（庚字边还有一小字戌，查大历年间有戊午年，而没有庚午年，故庚午之庚为错字，后改为戊）岁冬十一月廿七日，始获旋，窆于河阳北原，以金革未夷，缓也。有女一人，年在髫龀，已知号慕。是时也，张公方戴铁冠，杂戎旃，抚宁梁郑，遐迩钦瞩。而感今思往，实轸于怀，菲履而杖，临圹斯恸，是用直书其事，阐扬徽音。

铭曰：

粲粲令质，明明淑德。秉礼言归兮，其仪不忒。

水击北海，鹏搏南滨。奄丧嘉偶兮，摩霄遐征。

岗联太行，浊河之阳。远日有期兮，柳车来翔。

桓楹肇窆，斩板相续。良人号啕兮，幼女匍匐。

墓主刘氏，志中未言其名，彭城人，唐监察御史张公之妻。张公何许人？乾隆《孟县志·地理下·墓葬》"张建封"条，录有张建封墓志全文："公讳建封，字本立。姓张氏，南阳人……大历中，河阳三城使马大夫燧躬为之介，奏除监察御史……（贞元十六年）五月十三日庚戌，薨于镇，享龄六十有五。敕赠司空，郎官二人吊祭，赠物五百。明年二月十日壬寅，甫窆于河阳县太平乡虢村之原，祔秘书之墓域，礼也。公重婚，皆彭城刘氏。其初，齐州录事参军，曰祈之女……"（乾隆《孟县志》卷二）其中记载正合刘氏墓志之彭城人，祈之之长女。所以，墓志主人刘氏为张建封之妻无疑。

张建封（735—800年）字本立，新、旧《唐书》有传。少年时代喜爱文学，好谈论，胆略过人。"宝应中，李光弼镇河南，时苏、常等州，草贼寇掠郡邑，代宗遣中使马日新与光弼将兵马同征讨之"（《旧唐书·张建封传》）。建封求见日新，愿深入贼巢说服。日新从之。建封只身入虎穴，以利害祸福感说众寇。一日晚上，数千草寇一齐到日新营房请降，遂全部放归田里。此时，夫人刘氏随张建封在吴地居住，不幸逝于此地。也就是志文中所说"言从所天，违难南迁"和"终于吴之旅舍"。由于此时正是国家多事之秋，张建封一直在南方各地作战。也由于中原地区战火不断，也就是墓志中所说的"毒痛中州"。更因为张建封在官场不被重用，四处游荡，"湖南观察使韦之晋辟署参谋，授左清道兵曹参军，不乐职，辄去，令狐彰节度滑亳，奏置幕府，彰不朝觐，建封非之，往见转运使刘晏，晏奏试大理评事，使筦漕务，岁余罢。"（《新唐书·张建封传》）。致使刘氏的灵柩一直留在吴地（今苏州）。直至唐大历年间，张建封因得到三城镇遏使马燧的赏识，并投靠了马燧，才开始一步一步飞黄腾达。大历十年（775年），在河阳三城使马燧的推荐下，张建封被任命为监察御史。大历十三年（778年），也就是唐代宗大历戊午年，张建封终于从南方把刘氏的灵柩运回河阳老家祖茔太平乡虢村埋葬。大历十三年时，张建封最大的官职就是监察御史。所以，墓志首题"唐监察御史张公夫人彭城刘氏墓志铭并序"。后张建封因屡立战功，先后被朝廷委以重任。建中初，李希烈反，张建封因守寿州有功，擢任御史中丞，寿州团练使。兴元元年（784年）加御史大夫，充濠、寿、庐三州团练观察使。贞元四年（788年），德宗以建封为徐州刺史，兼御史大夫，徐、泗、濠节度使支度营田观察使。贞元七年（791年）进位检校礼部尚书。贞元十二年（796年）加检校右仆射。十三年（797年）冬入朝觐见德宗，皇帝特加礼遇，赐名马珍玩颇多。（《旧唐书·张建封传》）。张建封在外任节度使期间，礼贤下士，天下名士多依附于门下，"游其门者，礼必均，故其往如归，许孟容、韩愈皆奏署幕府"（乾隆《孟县志》卷五《唐书张建封列传》）。

关于张建封的籍贯，新旧《唐书》记载不一。《新唐书》云"邓州南阳人，客隐兖州"，《旧唐书》云"兖州人"。张建封墓志虽云其为"南阳人"，但其志文中又云："明年（贞元十七年即公元801年）二月十日壬寅，甫窆于河阳县太平乡虢村之原，祔秘书（张建封之父，以建封贵赠秘书监）之墓域，礼也。"（乾隆《孟县志》卷二）。由此可知，张建封实为唐河阳人氏，即今孟州市人。

唐宋八大家之首韩愈为河南省孟州市人，而在《新唐书》的记载中却说是："邓州南阳人。"这是为什么呢？实际上，中国历史上有两个南阳之地。

其一为春秋战国时期，黄河以北、太行山以南的区域统称之为南阳。《左传·僖公二十五年》记载："戊午，晋侯朝王，王享醴，命之宥。……与之阳樊、温、原、欑茅之田。晋于是始启南阳。"《水经注》又曰："马季长曰：晋地自朝歌以北至中山为东阳，朝歌以南至轵为南阳。故应劭《地理风俗记》云：河内，殷国也，周名之为南阳。"这说明，当时朝歌以南至轵（今河南省济源市）统称为南阳。河阳县就包括在这个南阳之内。

其二，《新唐书·地理志》载：邓州南阳郡，领县六。其中有南阳县，该南阳即今河南省南阳市。

刘氏墓志在河南省孟州市的出土，不仅确认了张建封为河南孟州市人，也更加证明了《新唐书》中关于韩愈、张建封等人的籍贯为南阳，实际上就是唐河阳县，即今河南省孟州市的正确性。同时，也纠正了《旧唐书》中关于韩愈、张建封籍贯记载的错误。

韩昶墓志的出土流传经过

孟州市城伯镇西武章村小韩庄韩文公祠内，保存有一块唐代墓志——韩昶墓志。

韩昶（798—855年），字有子，小名符。唐代伟大的思想家、文学家、政治家、哲学家韩愈的儿子，太和元年（827年）进士，释褐州从事，试宏文馆校书郎，又任襄州从事，除高陵尉集贤殿校理，迁度支监察御史，拜左拾遗。牛僧孺镇襄阳，奏为支使。拜秘书省著作郎，迁国子博士，除襄阳别驾，检校礼部户部郎中。大中九年（855年）卒，年五十七。

韩昶墓志的出土和我们中国悠久的盗墓史有关。

孟州市赵和镇乡苏庄村，古称尹村。明初，苏姓来此居住，改村名为苏家庄，又称苏庄。据康熙、乾隆两朝《孟县志》记载：明万历年间，有盗墓者，夜掘其冢，风雷大作。村中居民从梦中惊醒，纷纷举火向山上跑来，众盗遁去。大冢未盗开，而从一小墓中，得到一墓志。一人想背回家作砧石，众人不答应。争之不下，遂鸣于官。受理官员释读碑文，方知此墓志为韩愈之子韩昶墓志。世人才知道，韩愈多次在文章中提及的去河阳老家省坟墓的祖茔就在此地。

韩昶墓志的出土，当时就引起了史学界和金石学界的注意。清嘉庆年间，编写《全唐文》时，就把韩昶墓志的碑文作为韩昶的作品收入其中。韩昶墓志对研究韩愈故里、韩愈祖茔的位置、韩氏流传经过等都是一件极其重要的实物史料。

韩昶墓志，青石质，方形，边长65厘米，厚14厘米。正书，凡二十六行，行二十六字。但由于墓志用石坚硬，且雕刻字画较浅，笔画较细，再加上人为的磨损，有些文字已不易辨认。墓志石四边壁分别阴刻青龙、白虎、朱雀、玄武四神像和云朵花草纹。

韩昶墓志出土后，经知县裁定，暂由西武章村小韩庄韩姓族长保存。

清雍正年间，怀庆府知府把韩昶墓志调至府城（沁阳市）南门大街路东的韩文公祠内收藏。

乾隆五十三年（1788年）户部主事冯敏昌在孟县撰写《孟县志》时，特别对有关韩愈墓、韩愈祖茔和韩愈事迹进行了详细考证，当得知韩昶墓志的出土、流传经过后，冯敏昌在孟县韩愈后裔的请求下，以翰林院编修、户部主事的特殊身份，多次到府城同当时的怀庆知府商谈，并经多方努力，重新将韩昶墓志从府城韩文公祠迎回它的出土地孟县，存放进明代正德年间修建的县城南门里的韩文公祠中。

乾隆《孟县志》载：唐韩文公祠在县城南门内（见图一），旧祠在县西十二里韩庄。明朝正德丁丑年（1517年），知县刘澄以春秋致祭不便，改建于县城南门内，何瑭撰记。清康熙戊寅（1698年，即康熙三十七年）知县张之纪重修，自撰碑记，并有邑人薛京撰记。乾隆己丑（即乾隆三十四年，1769年）知县牛联奎重修，邑人宋宜诚撰记。

图一 乾隆《孟县志》城南门内韩文公祠

从《孟县志》的图录中可以看出，韩文公祠坐西向东，院落宽敞，前有祠门三间，两边有配房六间，进门有甬道，直通正殿之前。正殿三间，前建有卷棚三间，两边并建有配房各三间。

冯敏昌以韩昶墓志为依据，并参考其他文献资料，得出了古尹村（今苏家庄）为韩愈家的祖茔所在地。韩愈的六世祖韩茂以下，及父、兄、嫂、侄、女皆葬于此。时任孟县知县的仇汝瑚遂在苏庄北岭上树立了一块石碑，上书："魏韩安定桓王之墓。"

冯敏昌在韩昶墓志的左侧边沿上题跋，云：

此志据县牍载：前明万历年间，自孟县西北二十里苏庄出土，当时韩文公裔韩谨藏于家。按苏庄即古尹村，为文公祖茔。迨清雍正四年（1726年）至乾隆元年（1736年），文公裔韩法祖呈请世袭博士，经河南巡抚田公、富公，再三核实，得此石为确据。乾隆庚戌年（1790年）。

　　县城南门里的韩文公祠民国初期尚保存较好，祠内保存有韩愈画像石、韩昶墓志和历代文人骚客纪念、赞美韩愈的石刻，以及其他珍贵的文物资料。1938年侵华日军占领孟县城后，韩文公祠被毁。韩愈画像石和韩昶墓志等一些重要文献被城伯镇西武章村小韩庄的韩氏后裔运至村内的韩文公祠收藏。

　　历史总是开着让人哭笑不得的玩笑。明万历年间，韩昶墓志出土时，差一点被人当作砧石，后经见于官府，韩氏后裔才得以珍藏到祖祠之中。可是到了400多年后的"文革"时期，韩昶墓志还是被人当成砧石用了。

　　"文革"期间破"四旧"，韩文公祠内珍贵的石刻也未能幸免。韩愈画像石上的韩愈像被红卫兵凿去了面部，韩昶墓志也被村民拉到生产队的饲养室内当作砧石，在上面敲打东西。长期的敲打造成墓志上大部分文字被磨损，变得模糊不清。多亏一位韩氏后裔偷偷地把墓志运到破烂不堪的韩文公祠山门的东耳房之中，翻转过来，把文字向下扣在地上，并用东耳房塌下来的墙土埋起来，这一藏就是近20年。

　　20世纪80年代中期，随着韩学研究在全国的开展，韩愈故里、韩愈后裔的争论风起云涌，才使韩昶墓志重见天日。

韩坡与韩陂

2019年3月1日,《焦作日报·今日修武》刊登了一篇刘铁先生的大作《韩愈韩陂办后事 尽在寄友安排中》,副标题为《读韩愈〈寄崔二十六立之〉后》。

《五百家注韩昌黎集》中收录有韩愈与崔立之的多首往来诗文,如《蓝田县丞厅壁记》《赠崔立之评事》《赠崔立之》《酬蓝田崔丞立之咏雪见寄》等,其中,《寄崔二十六立之》是一首长诗,共一百六十二句。

崔立之,唐代诗人,字斯立,博陵(今河北定州)人。唐德宗贞元年间进士,宪宗元和初为蓝田丞。在这首长诗中,韩愈叙述崔立之的仕途经历,回忆二人的交谊,表明自己的人生态度,有对崔立之才华卓越的赞许、命运坎坷的深切同情,对崔立之在奔波流离中对自己还仍然保持着这种真诚友谊表示真挚感激,同时也抒发了自己处境艰难、准备隐退的牢骚和感慨,字里行间充满人生苍凉寂寞,以及对未来生活的期盼和希望。全诗气势雄浑,流转自然,犹如千里波涛,浩浩荡荡。

刘铁先生的文章,对韩愈这首《寄崔二十六立之》长诗却有另外一种分析和解读。特别是对"还归非无指,灞渭扬春澌。生兮耕吾疆,死也埋吾陂"这四句,刘先生是这样解释的:"我(韩愈)离朝还家是随时有可能的，什么灞桥、渭水、春天的柳杨岸都会在眼前消失。有生之年若能回到故里就在自家的田园里耕作，老死后就葬在我的祖茔韩陂。"刘先生的解读，可称作是别出心裁，另起炉灶，让人哭笑不得。可以说这是自古以来五百家注韩文之外的首创。

下面，我也分析一下这首《寄崔二十六立之》长诗，当然我的重点也会放在"还归非无指，灞渭扬春渐。生兮耕吾疆，死也埋吾陂"这四句诗上，愿同刘铁先生商榷。

唐元和七年（812年），是年已40多岁的韩愈，虽已为官多年，摆脱了穷困潦倒的窘迫，但却一直游离在京师政治核心之外。还时不时被贬谪、被排挤，或阳山，或洛阳，总是被迫远离政治中心长安。这一年，韩愈又由职方员外郎被贬为国子监博士，心中难免郁闷。而恰在此时，韩愈的好友崔立之也被贬谪。这使得韩愈一下子心中愤懑难解，感慨万千，便借送崔立之流放之际写下这首长诗，以抒发自己心中的悲凉之情和不平之意。

因为这是一首送别诗，所以韩愈才会在诗中写道"又作朝士贬，得非命所施"，"怜我还好古，宦途同险巇"，"苟无饥寒苦，那用分高卑"。既对自己和崔立之的前景有美好的憧憬："还归非无指，灞渭扬春渐"；也表达了自己的归隐之心和隐退之意："生兮耕吾疆，死也埋吾陂"，作者大量地运用了诗歌意象并引用了大量的历史典故。这也是中国诗词的写作技巧和惯用手法。

中国诗词常用一些典型物象来体现主观情感，这就是意象。由于历史文化积淀、民族心理制约等因素影响，使某些客观事物有了约定俗成的意义，成为特殊意象，出现在与情感色彩相应的诗词中。如送别诗中常见"折柳""灞桥""南浦"等，爱情诗中常见"鸳鸯""红豆""青鸟"等，边塞诗中常见"羌笛""胡马""大漠""烽烟""孤城""阴山"等，羁旅诗中常见"驿道""征铎""西风""瘦马""浮萍""飘蓬"等，咏物诗中常见"翠竹""青松""红梅""秋菊""鸣蝉"等。把握意象的含义是解读诗词的重要手段，在解读诗词时，只有结合诗意，开拓意象，才能最终明白诗人抒发的感情、阐发的观点态度、表达的人生志趣。

具体到这首长诗中，怎么理解"还归非无指，灞渭扬春澌"其中的意象呢？

"灞"，是指灞水、灞桥。灞水是一条位于陕西西安城东的南北流向的河流，乃是渭水的支流。可以说灞水作为唐诗中非常重要的意象，常被频繁使用，既有表达离别和隐居之意，也是帝都长安的象征，而并非专指灞桥这一个地方。"渭"，是指渭水。黄河的最大支流，在西安边上流过，在唐诗中常用来代表帝都长安。"扬春"指阳春三月，春暖花开，春天到了。"澌"，在古汉语中是一个生僻字，不常用，其意为解冻时河中流动的冰块。所以"灞渭扬春澌"应解释为："待到来年长安春暖花开，河冰消融之时。"联系上一句"还归非无指"中用"非无指"双否定词来说明问题，就很好理解了。意思是说"我们（韩愈与崔立之）还是有回归都城长安的希望的"。所以说，"还归非无指，灞渭扬春澌"寓意应为：待到朝廷中的政治生态情况转好之时，整个朝廷内充满风清气正的正能量，我们就有机会再回长安，为国家效力。

而刘铁先生把"还归非无指"解释为"我（韩愈）离朝还家是随时有可能的"，把"灞渭扬春澌"解释为"什么灞桥、渭水、春天的柳杨岸都会在眼前消失"。这样的解读显然不仅有望文生义之嫌，而且人为地割裂了这首诗的前后照应关系，断章取义，根本就没有对韩愈这首长诗的上下文进行有机联系，将其结合起来解读。

接下来再看"生兮耕吾疆,死也埋吾陂"。韩愈写这首长诗之时,正值壮年。怎么会在这种时候向一个朋友写下遗言,交代后事?

中国人最忌讳在正当壮年之时,说出有关生死的这种不吉利的话语。子曰:"未知生,焉知死?"孔子都不愿意谈生死,更何况此时的韩愈也只是在政治上不得志,而在其他方面,特别是文学方面的影响与日俱增,他倡导的古文运动已初具规模,在他身边围绕着一大批有志古文创作的年轻人,向他求学、学文,可谓大有成就。此时的韩愈怎么会和朋友崔立之谈生死呢?

另外,中国诗词贵在含蓄,通过用典以曲折的方式把作者不便明说或不想明说的意思表达出来。用典是古人作诗的一种高妙艺术,但用典并非随意为之,是诗人为表达某种深意刻意为之。因此,读者要解读一首诗词,只有从辨析典故入手,才可能完整理解诗词的思想内容,把握诗人的观点态度和写作目的。弄清楚诗文中所用典故本身含义,是分析诗词用典的前提条件。因此,平日积累一些常见典故,把握其意义尤为重要。这是一种日常功夫,不可能一蹴而就。一般来说,对于一些生疏的典故,作者或者注解者会在诗词后面注解,这对理解典故和诗词的关系会有很大的帮助,这也才会有《五百家注韩昌黎集》等书的出现。用典既是诗词内容表达的需要,也是作者情感抒发的需要。典故也只有放在具体的诗词语境中,将典故内涵与诗意结合起来,才有可能明白诗人用典的意图和目的,发挥用典的作用与效果。

韩愈在这句诗中运用了"兴"的手法,赋、比、兴的"兴"。韩愈这一句"生兮耕吾疆,死也埋吾陂",使用的典故是历史上著名的"东陂田"。

《后汉书·周燮传》记载:"有先人草庐结于冈畔,下有陂田,常肆勤以自给,……宗族更劝之曰:'夫修德立行,所以为国。自先世以来,勋宠相承,君独何为守东冈之陂乎?'"周燮,东汉人,是研究《易》和《礼》的大师。他不愿出仕,甘心守先人所遗的草庐,耕陂田于东冈之下。后来,"东陂田"也就成了历史典故,多被用在那些怀才不遇,退隐耕种,准备过自给自足生活的人身上。

唐朝诗人陈之昂有一首《落第西还别魏四懔》,就使用了这个典故。"转蓬方不定,落羽自惊弦。山水一为别,欢娱复几年。离亭暗风雨,征路入云烟。还因北山径,归守东陂田。"

韩愈这一句"生兮耕吾疆,死也埋吾陂",其实也是为了表达自己对崔立之的同情之心。崔立之虽才华卓越,但却命运坎坷,终生奔波流离。同时,韩愈借"东陂田"这个典故,也抒发了自己"少小尚奇伟,平生足悲吒","锐意钻仰,欲自振于一代"的伟大政治抱负得不到施展的郁闷心情:年龄已到了四十多岁,却依然是处境艰难,狼狈不堪,所以有意向古人周燮学习,准备隐退。但这只不过是韩愈借历史典故来抒发自己的牢骚之言和感慨之意,而绝非是韩愈给崔立之写的遗言,要交代后事。

依刘先生的学识应该知道中国文化中"生死之事"的特殊含义,更明白典故在中国诗词中的巧妙运用。可在这里怎能把"吾陂"解读成"祖茔韩陂",并且还断定这个地方就是修武县青龙岭的韩坡,从而得出"吾陂"="韩陂"="韩坡"的最终结论呢?

遍查修武县现存的不同历史时期的各种县志和文字资料,只要有记载韩愈墓地,或者说记载韩氏祖茔位置的,都指向同一个地方,就是修武县青龙岭上的韩坡。大家一定要注意,是"韩坡"而不是"韩陂"。民国《修武县志》卷三《舆地》记载:"韩坡,在青龙岭前上有一冢，周围约三丈许，高七八尺，居人传为韩文公墓。谚有云'霜不打韩坡'，严冬霜降，墓上草自青葱，前后左右数百亩中，并无霜色，亦一奇也。"

我也不知道，刘先生是否查过《新华字典》，是否查过《辞海》。"陂"字作为一个多音多意字，如指不平坦、倾斜不平，音为"pō"，一声，如陂陁；如指地名时，则音为"pí"，二声，如黄陂；如指水边、池塘湖泊、山坡土坡时，其音应为"bēi"，一声。

所以，韩陂非韩坡也！可刘先生却把"吾陂"解释成修武县韩坡这一具体地点，目的无非就是把它强加到韩愈身上，用韩愈的话来证明韩愈都说自己是"韩陂"（韩坡）人，当然也就是修武人啦。这应是刘先生洋洋洒洒，下笔千言，说一大堆不相干话的最终目的——韩愈是修武人，韩愈故里在修武。

孟州有句俗语叫"揣着明白装糊涂"。我们不能为解读而解读，怀着自设目的解读就失去解读的真正价值和意义。写到这里，大家应该明白了。

但是，这种把"韩陂"解释为"韩坡"的解读被修武用来证明韩愈是修武人的重要理论依据和文献资料，持"韩愈故里修武说"者，捧着韩愈诗中的"吾陂"一词如获至宝，在几乎所有论"证韩愈是修武人"的文章中广泛使用。

如此这样改来改去，即使把修武当地的文献资料按你们的意愿全部修改过来，可中国最不缺的就是历史文献资料，浩如烟海，能全修改过来吗？

据新闻网报道：2018年春，修武县韩愈文化研究会邀请了全国各地的韩氏后裔和韩氏宗亲会人员在修武县的韩坡举办一场盛大的仪式，其中一项主要议程就是在韩坡之地树立起了一块超大的巨石，上面赫然书写两个红色大字"韩陂"。站在这块巨石前，真的不知道我们应读 hán pō（韩坡）还是读 hán bēi（韩陂）？不知世居此地的韩坡人作何感想？

附：

寄崔二十六立之

韩 愈

西城员外丞，心迹两屈奇。
往岁战词赋，不将势力随。
下驴入省门，左右惊纷披。
傲兀坐试席，深丛见孤羆。
文如翻水成，初不用意为。
四座各低面，不敢捩眼窥。
升阶揖侍郎，归舍日未欹。
佳句喧众口，考官敢瑕疵。
连年收科第，若摘颔底髭。
回首卿相位，通途无他岐。
岂论校书郎，袍笏光参差。
童稚见称说，祝身得如斯。
侪辈妒且热，喘如竹筒吹。
老妇愿嫁女，约不论财赀。
老翁不量分，累月笞其儿。
搅搅争附托，无人角雄雌。
由来人间事，翻覆不可知。
安有巢中䴇，插翅飞天陲。

韩坡与韩陂

驹麕著爪牙，猛虎借与皮。
汝头有缰系，汝脚有索縻。
陷身泥沟间，谁复禀指挥。
不脱吏部选，可见偶与奇。
又作朝士贬，得非命所施。
客居京城中，十日营一炊。
逼迫走巴蛮，恩爱座上离。
昨来汉水头，始得完孤羁。
桁挂新衣裳，盘弃食残糜。
苟无饥寒苦，那用分高卑。
怜我还好古，宦途同险巇。
每旬遗我书，竟岁无差池。
新篇奚其思，风幡肆逶迤。
又论诸毛功，劈水看蛟螭。
雷电生眴瞚，角鬣相撑披。
属我感穷景，抱华不能摛。
唱来和相报，愧叹俾我疵。
又寄百尺彩，绯红相盛衰。
巧能喻其诚，深浅抽肝脾。
开展放我侧，方餐涕垂匙。
朋交日凋谢，存者逐利移。
子宁独迷误，缀缀意益弥。
举头庭树豁，狂飙卷寒曦。
迢递山水隔，何由应埙篪。
别来就十年，君马记骊骓。

长女当及事，谁助出帨缡。
诸男皆秀朗，几能守家规。
文字锐气在，辉辉见旌旄。
摧肠与戚容，能复持酒卮。
我虽未耋老，发秃骨力羸。
所余十九齿，飘飘尽浮危。
玄花著两眼，视物隔褷褵。
燕席谢不诣，游鞍悬莫骑。
敦敦凭书案，譬彼鸟黏黐。
且吾闻之师，不以物自隳。
孤豚眠粪壤，不慕太庙牺。
君看一时人，几辈先腾驰。
过半黑头死，阴虫食枯骴。
欢华不满眼，咎责塞两仪。
观名计之利，讵足相陪裨。
仁者耻贪冒，受禄量所宜。
无能食国惠，岂异哀癃罴。
久欲辞谢去，休令众睢睢。
况又婴疹疾，宁保躯不赀。
不能前死罢，内实惭神祇。
旧籍在东郡，茅屋枳棘篱。
还归非无指，灞渭扬春渐。
生兮耕吾疆，死也埋吾陂。
文书自传道，不仗史笔垂。
夫子固吾党，新恩释衔羁。

韩坡与韩陂

去来伊洛上，相待安罘罳。
我有双饮盏，其银得朱提。
黄金涂物象，雕镌妙工倕。
乃令千里鲸，幺麽微蚉斯。
犹能争明月，摆掉出渺弥。
野草花叶细，不辨萯藆蒘。
绵绵相纠结，状似环城陴。
四隅芙蓉树，擢艳皆猗猗。
鲸以兴君身，失所逢百罹。
月以喻夫道，黾勉励莫亏。
草木明覆载，妍丑齐荣萎。
愿君恒御之，行止杂㸑籭。
异日期对举，当如合分支。

关于《题西白涧》诗

《韩愈故里在修武》一书收录有一篇署名为"肖历"的文章《品韩愈题诗 证文公故里》。肖文自认为韩愈的《题西白涧》是一首描写修武县云台山百家岩风景区西白涧这个地方的诗,并全文收录了这首诗。可以说,这是我首次阅读到韩文公的这首诗。不客气地说,多年前,我开始对韩愈文化感兴趣之后,曾对韩愈的诗文进行过通读,并购买过数套不同版本的《韩文公文集》,最早的版本是南宋文谠编纂的文集。韩愈之诗文博大精深,用词用典多古朴典雅,故还不能尽释其意,但读过的诗文,还是能略有印象。不过对《题西白涧》这首诗却没有一点印象,后经向研究韩愈文化专家学者请教,才知《题西白涧》诗,收录在1992年中华书局出版的《全唐诗补编》中,载于其中由复旦大学中文系教授陈尚君先生编写的《全唐诗续拾》卷二十四"韩愈"条下,在其他韩愈的诗文集中并未收录。从目前研究来看,这首诗是否为韩愈的作品,还有待考证。全诗如下:

太行之下清且浅,一水盘桓纡山转。
千峰万壑不可数,异花幽草几曾见。
波中白日隐出明,风翻不动浮云轻。

关于《题西白涧》诗

翠峦玉女下双鹤,笑倚秋练开新晴。
又疑武陵溪上原,桃花溪尽空潺湲。
幽泉间复逗岩侧,喷珠漱玉相交喧。
群猿见之走绝壁,缘峰虚梯弗劳力。
鸣禽回面背人飞,为是从来不相识。
杖藜因贪仰面看,碍石牵萝错移屐。
路穷屈曲疑欲回,迤逦屏开一重碧。
残樽遇坐酒即倾,旋摘山果都无名。
题诗且欲尽佳句,能歌翻咏仙难成。
天门幽深十里西,无奈落日催人归。
谁能可属天宫事,为我乞取须臾期。
上天无梯日不顾,牢落归来坛未暮。
闭门下马一衾寒,梦想魂驰在何处。

无独有偶,2018 年 3 月 9 日《焦作日报·今日修武》刊登了刘铁先生的文章《韩愈诗歌〈题西白涧〉赏析》。刘先生认为韩愈这首诗的写作地点是修武县的西白涧,并从诗歌背景、西白涧位置及景色、诗歌赏析等三个方面对这首诗进行了鉴赏和解析。其实,我们每一位读过这篇文章的人都明白,作者写这篇文章的重点并不在这三个方面,而是要强调其他另外三个方面。哪三个方面呢?一是诗中的西白涧是修武县一个风景优美的地方名;二是诗是韩愈在修武给嫂子郑氏守墓期间游玩西白涧时所作;三是西白涧这个地方距韩愈家仅仅十里有余,韩愈被这里美丽的风景所吸引,曾多次前来游玩,并创作了这首诗。所以说,这篇文章的意旨与其说是在对这首《题西白涧》进行赏析,倒不如说是在一而再、再而三地强调一件事:那就是韩愈的家乡在河南修武，韩愈是河南修武人。

我们可以稍微展开一点来看看这篇文章的作者是怎样分析这首诗的写作背景的。

刘先生分析说，韩愈作为修武人，曾多次游历县境北部的百家岩，在此曾作长诗《题西白涧》，由此使西白涧成了百家岩的重要一景。虽然韩愈思想源于儒家，但亦有离经叛道之言。他以儒家正统自居，反对佛教的清净寂灭、神权迷信，但又相信天命鬼神；他盛赞孟子辟排杨朱、墨子，认为杨、墨偏废正道，却又主张孔墨相用；他提倡宗孔氏，贵王道，贱霸道，而又推崇管仲、商鞅的事功；他抨击二王集团的改革，但在反对藩镇割据、宦官专权等主要问题上，与二王的主张并无二致。这些复杂矛盾的现象，在其作品中都有反映。

文章作者这样的赏析方式和角度，实在让人不敢恭维，其对韩愈诗作背景的推测和结论，让人难以信服。我不知道韩愈这首诗中的哪一句能够体现出刘先生的观点？

我认为，刘先生的分析无论如何透彻淋漓，不管如何吸引眼球，但一定要注意以下几点：

一、这首诗的出处

查阅相关资料，《题西白涧》这首诗最早收录在清康熙三十四年（1695年）《济源县志》的《艺文》卷之中，1992年才被收录入复旦大学中文系教授陈尚君主编的《全唐诗补编》之中。按照正常人的思考逻辑和出发点，《济源县志》不会把一首描写修武风光的诗，还是这么一位著名人物描写修武风光的诗收录在《济源县志》之中。很显然，这首收录在《济源县志》中的诗，所描写的地点一定是济源县的地名，绝对不可能是修武县的地名，不论修武县的某个地名与这首诗的题目所言地名如何接近和相似。

我们再看看，2019 年 6 月 17 日《济源日报》上刊登的介绍济源市克井镇白涧村近几年巨大变化的文章《济源克井镇白涧村完美变身，如今……》是怎么说的。《济源日报》文章中说："唐代诗人韩愈曾到白涧村游览，并留下了《题西白涧》的佳作，使之成为文人墨客的寻梦之地。"这就是说，韩愈的《题西白涧》诗，写的应是现济源市克井镇的白涧村。

二、这首诗的作者

陈尚君先生把《题西白涧》作为韩愈的作品收录在他编写的《全唐诗续拾》中，必是经过审慎的考辨，但是考虑到这首诗在此之前一直未被收入韩愈诗文集里，因此它是否是韩愈的作品，大家尚没有形成统一的意见，还有待进一步的考证。既然有待考证，就不要急于发表意见。济源人认为《题西白涧》诗是韩愈描写济源白涧村的作品，并在文章中使用是没有错的，因为他们使用这个史料是有依据的。这首诗最早就收录在清康熙三十四年（1695 年）版《济源县志》中，后又被清雍正九年（1731 年）版《覃怀志》收录，并明确说这是唐代文学家、思想家韩愈的作品，写作地点是济源的白涧村。即使济源人用错了，也是清代的史料记载错误，最多说使用史料未经甄别。那么，修武的史家使用本不属于本地，又不能确定真正作者的一首诗，来说明百家岩的风光如何如何，并不断地强调韩愈来过多少次，距韩愈家多少多少里，暗示人们说韩愈是修武人，这怎能让人信服呢？

三、白涧、西白涧的地点

涧，山间流水的沟。仅百度搜索就显示：白涧，地名。天津蓟县、河北涞水市、河北邢台市、江西赣州市、河南济源市等都有同样的地名。西白涧，地名，有河北保定易县裴山镇西白涧村、焦作修武云台山风景区的西白涧等等，不止一地。如此多的不同地点的相同地名，也让这首诗写于何处，暂时不能分辨。修武为什么要说这首诗是描写修武的西白涧呢？更何况，不论韩愈的文章，还是同时代人的文章中多次记录了韩愈到河阳省坟、葬人，从来没有一处史料和文字记录韩愈到修武省坟、葬人，更不要煞有介事地说"这首诗是韩愈在修武韩陂为嫂嫂守孝时所作"，历史资料是古人留下的文字资料、实物资料和口头资料等等，并不是靠我们现代人随便臆造的。

回答吴泽人先生
《九问孟州韩愈坟墓的真与假》

吴泽人先生在自己的博客和焦作论坛中先后发表了《八问孟州韩愈坟墓的真与假》的文章,并在与我讨论时又提出了第九个问题。吴泽人先生甚至在博客中傲慢地说:"但我知道,他们(当然是指持韩愈故里孟州说的这些人)八成回答不了。"

这九个问题提出来之后,不知是不屑置辨,还是其他什么原因,确实有一段时间没人出来解答。某才疏学浅,故能不怕浅陋,鼓足勇气,来做第一人。

问题一:乾隆四十五年(1780年)之前,孟州韩愈坟墓究竟在何处?

答:自唐敬宗宝历元年(825年)韩愈安葬之后,其墓就一直在孟州市韩庄村后岭,没有迁移过。史料充足,事实确凿,肯定没有任何问题,何用说乾隆四十五年之前?

清康熙年间,关于孟州韩愈墓的记载,孟县知县张之纪的《重修韩文公祠记》并不是最早的,明代中期就有。如《明孝宗宝训》和《明实录孝宗实录》都有准确的记载,任凭查询。另外,还有明何瑭、高谔和明末清初薛所蕴、王铎、范正脉等的文字记录。这些资料都非常清楚地记载着韩愈墓就在韩庄村后岭,就在金山旁。

韩愈虽有"文冠古今,道济天下,在世时即享有盛誉"的历史地位,但在他死后的千年间,朝代更替,战火纷纷,人口迁徙,沧海桑田,有人对他的墓地位置产生怀疑也属正常。张之纪、乔腾凤、刘青藜、仇如瑚、冯敏昌等,都认定韩愈墓就在孟县,所以他们才会不遗余力地进行考证、祭拜、纪念,这是一种对历史负责任的治学态度。

问题二:韩愈坟墓和韩愈祖茔是什么关系?

答:韩愈之所以葬在韩庄后岭,而韩昶则葬在苏庄北岭祖茔,一定有其特定的某种历史原因。我们现在虽还不能解释,但是不能因为我们回答不了,就否定韩氏祖茔、韩愈墓、韩昶墓的真实性。中国封建礼教在"孝"字上虽然很看重,但是,也没有规定后辈一定要与祖辈葬在同一块墓地。

历史上这种例子还少吗?明永乐皇帝朱棣为什么不葬回南京他父亲朱元璋的脚下?清代为什么会分清东陵和清西陵?

一些情况都有它们特定的历史原因,我们后人不得而知,所以对我们来说就成了谜团。有些谜团也许会依靠新考古资料的发现被解开,但有些谜团也许永远无法解开,我们后人只能推测、猜想、假设。但是,那也仅仅是我们后人的推测、猜想、假设,我们只能是逐步靠近真相,并不能代表谜团已被我们解开。

问题三:外人在考证韩愈坟墓及祖茔时孟州韩愈后人在干什么?

答:孟州的韩愈后人世守坟墓,崇奉祭祀,这方面的史料充足。

乾隆年间，当户部主事冯敏昌考证韩愈墓时，作为韩愈嫡系后人的韩九龄如果不知道韩愈墓所在地，为什么没有把冯敏昌领到祖茔进行考证，而是直接带到了韩庄村后面的金山岭上呢？说明韩九龄非常清楚韩愈墓的所在位置。

冯敏昌是清乾隆朝的翰林院编修，有关韩愈的文献资料他应在皇宫的秘籍和实录中有所涉猎。冯敏昌为什么非要找到实物证据呢？说明冯敏昌对韩愈墓的考证是十分缜密和谨慎的，在没有得到过硬的、令人信服的资料前，他不会轻易下结论。

冯敏昌最终认定韩庄后紫金山岭半山腰的墓冢是韩愈墓，虽然没有在《唐韩文公墓考并谒古诗》一文中提及韩九龄提供的资料，但也一定是认同了韩九龄提供的有关韩愈墓的文献史料和实物资料，才下了最终的结论。冯敏昌被称为清代著名的金石学家，绝不是浪得虚名。

问题四：乾隆十五年（1750年），钦差鹤年致祭的是孟县韩愈墓吗？

答：乾隆十五年（1750年），钦差鹤年当然是在孟县的韩愈墓前祭祀的。《清史稿》中有明确的记载，乾隆十五年乾隆皇帝巡视中州，派大臣祭祀官道三十里范围内的先贤墓祠，所以在乾隆皇帝驻扎孟县东大营时，派大臣祭祀孟县韩愈墓。大家都知道，乾隆三年（1738年）朝廷已下旨封赏孟县韩氏后裔韩法祖为第一代世袭五经博士，他当然知道韩愈墓在孟县，派人去韩愈墓祭祀是很正常的。孟州韩愈墓冢前的《谕祭碑》就是最好的证明。

封建时期的地方志都在卷一特别设置"圣制"一章，就是用来专门记录当朝皇帝与本地有关的一切恩典活动。对地方来说，皇帝亲临，皇恩浩荡，这可是天大的盛事，不得不记，也不得乱记。如地方志中不记载，或记错，或乱记，这可是欺君之罪啊。

乾隆《孟县志》卷一"圣制"一章内对此次祭祀活动有着准确、详细的记载，并大书特书。

如果按照修武县韩氏提供的《韩文公门谱》等有关资料的记载，乾隆十五年，乾隆派大臣鹤年祭祀的韩愈墓是在修武县的韩坡，或者是修武的韩文公祠，那么修武清代《修武县志》卷一的"圣制"一章内容中，为何却对皇帝派人到修武韩愈墓进行祭祀活动只字未提，更不要说大书特书。难道说，乾隆皇帝巡视中州时，对封赏孟县韩氏后裔韩法祖为世袭五经博士的旨意产生了怀疑，为了改正自己的错误，改派大臣鹤年到修武的韩愈墓进行祭祀，修地方志者为了替皇帝掩盖这个错误的圣旨，不好意思记录在《修武县志》之中？如果真是这样，这才是既荒唐又可笑的臆想。

问题五：孟州的韩愈坟墓合不合封建墓葬规制？

答：中国古代的墓葬形制和各类建筑的规制，都深深渗透着封建礼制的规定，不得僭越，但是并没有规定"士大夫的坟不得高于 10 米"。你说你掌握的资料中记载韩愈墓高达 10 米。那么，我可以负责任地告诉你：现韩愈墓围长 100 米，高 6.2 米，冢顶枣树成林，自古亦然。由于墓葬位于阶梯式的丘陵半腰之上，所以才显得更加高大，请不要过分解读。

至于你说的有关韩愈埋葬的各种说法，那也只是民间传说，是民间对韩愈崇敬的浪漫想象。

问题六：韩昶有几个墓志铭？流传经过如何？

答：孟州市仅珍藏一方明万历年间出土于孟州市赵和镇苏庄村北

回答吴泽人先生《九问孟州韩愈坟墓的真与假》

岭的韩昶墓志。据康熙《孟县志》记载：韩昶墓志明万历年间出土后，先由韩氏后裔收藏；后移入孟县城南门内路东的韩文公祠内收藏；清初被调入怀庆府沁阳东大街的韩文公祠内；乾隆五十四年（1789年）又重新迁入孟州城南门内的韩文公祠；抗战时期，城内的韩文公祠被毁，小韩庄韩氏把韩昶墓志和其他一些碑石运回小韩庄韩文公祠内保存。

先生所言的蟒河水冲出韩昶墓志一说，据我所了解的情况是：20世纪六七十年代，韩昶墓志被当作砧石，在上面敲打东西，文字被磨损，一位韩氏后裔偷偷地把墓志运到破烂不堪的韩文公祠山门的东耳房内，文字向下反扣在地上，用东耳房塌下来的墙土埋起来，东耳房也是因蟒河泛滥，被浸泡而倒塌的，小韩庄距蟒河仅三百余米。

这一藏就是近二十年。20世纪80年代中期，韩学兴起，韩昶墓志才重见天日。《韩愈故里在修武》一书记载，修武的所谓五块韩碑不也是在"文革"期间，由韩氏后人埋藏起来，才最终保存下来的？

至于你谈到的修武韩氏珍藏的韩昶墓志文，有太多违背常识的疑点，这里就不多说了。

问题七：首任世袭五经博士韩法祖来修武祭拜何人？

答：查中国第一历史档案馆宫中朱批奏折，内有乾隆四十八年（1783年）河南巡抚李世杰为孟县和修武县韩氏争控所上的奏折。其上面载明的"窃查孟县五经博士韩法祖……韩法祖之七世祖玉珍与韩伯虎之八世祖玉环系同胞兄弟，玉环迁居修武，现有宗祠及文公故里碑碣，班班可考，韩法祖生前往来与祭，保邻均皆见知"说明三点：其一韩法祖是孟县人，不是其他地方人；其二韩玉环是从孟县迁居修武的；其三，这一事件是真实的，人证、物证俱在。

据以上三点,"文公故里碑碣,班班可考,韩法祖生前往来与祭,保邻均皆见知",这句话当然应这样解释:"在孟县的文公故里碑碣和家谱资料中对孟县与修武的关系等问题,都有明确的记载,韩法祖生前也曾到过修武,并参加过修武的祭祀活动,当地的保长和左右邻居都可以作证。"

我的解释为何与你的解释正好相反,是因为上折人李世杰是依据孟县是韩愈故里这个基本事实写这个奏折上报朝廷的。所以,我们在阅读史料和使用史料时千万不能断章取义,而曲解本意。只有前后贯通,才能本意通达。

问题八:孟州韩愈后人的源头在哪里?

答:持韩愈故里修武说的人动不动就拿《韩文公门谱》来说事,修武《韩文公门谱》真的是"保存有脉络清晰、世系完整的体系"吗?其真实性就那么可靠吗?修武《韩文公门谱》的记载可以说错误百出,许多内容违背常识。且不说序言和札记的可靠性让人怀疑,传承了千年的家谱、门谱竟不存在断代和错代,连各辈的名讳都记载得清楚明了,这可能吗?

目前,孟州市小韩庄、红星村、东水运村珍藏的《韩氏宗谱》(还有叫其他名称的),的确也存在某些记载互相矛盾的内容。有些问题现在解决不了,也只有找到更多真实可靠的资料,才能逐步加以完善和补充。我们进行考证所需的资料,一要内容可靠,二要来源真实。

问题九:孟州韩愈坟墓真的是被国家认定并且不能被别人质疑了吗?

答:这个问题原本就不是一个问题。"百家争鸣,百花齐放"是我

回答吴泽人先生《九问孟州韩愈坟墓的真与假》

国学术界和文艺界的传统,一件事有人质疑,就说明这件事存在有让人怀疑的地方。有人争论,大家各摆观点和事实,只能愈辩愈明,对学术研究只能是有百利而无一害。毛主席他老人家是一位雄才大略的政治家、军事家、诗人,但并不是一位考古学家,他老人家的话也绝不能一句顶一万句。多位中央领导视察韩愈墓,也只能当作论证韩愈故里的一个依据。既然争论了一千多年,就有它争论的历史背景,绝不是某一个人的一句话、一篇文章所能彻底平息争论的。只要韩愈墓不挖开,即使挖开而没有能找到证明此墓是韩愈墓的铁证,这种争论就会一直持续下去。但是,为达到某种不可告人的目的而胡搅蛮缠,任意编造,那才是最可怕的。

  由于本人学识有限,我的回答,一定不能令先生满意,那只能是抛砖引玉了。

附　录
权威辞书与文史学者对韩愈籍贯的论定

李三卫　纂辑

一、辞书条目

《辞海》

"韩愈"条：韩愈（768—824），唐代文学家、哲学家。字退之，河南河阳（今河南孟州南）人。自谓郡望昌黎，世称"韩昌黎"。早孤，由兄嫂抚养，刻苦自学。贞元进士。任监察御史，以事贬为阳山令。赦还后，曾任国子博士、刑部侍郎等职。参预平定淮西之役。因谏阻宪宗迎佛骨，贬为潮州刺史。官至吏部侍郎，卒谥文，世称韩文公。政治上反对藩镇割据，思想上尊儒排佛。力反六朝以来的骈偶文风，提倡散体，与柳宗元同为古文运动的倡导者，并称"韩柳"。散文在继承先秦、两汉古文的基础上，加以创新和发展，气势雄健，被列为"唐宋八大家"之首。所作《原道》《原性》，强调自尧舜至孔孟一脉相传的"道统"，维护儒家的正统地位，又认为人性有上中下三品之分。在《师说》中，则承认"人非生而知之者"，并提出"弟子不必不如师，师不必贤于弟子"的合理见解。其诗风奇崛雄伟，力求新警，有时流于险怪。又善为铺陈，好发议论，后世有"以诗为文"之评，

附　录　权威辞书与文史学者对韩愈籍贯的论定

对宋诗影响很大。诗与孟郊齐名，并称"韩孟"。有《昌黎先生集》。

——夏征农、陈至立主编：《辞海》（第六版彩图本），上海辞书出版社2009年版，第843页

《汉语大词典》

"韩昌黎"条：即唐代文学家韩愈。魏晋南北朝以来，士人多重郡望。昌黎（今辽宁省义县）韩氏于唐为一时望族。韩愈原籍孟州河阳（今河南省孟县），但常自称"昌黎韩愈"，后人因称其为"韩昌黎"。

——罗竹风主编：《汉语大词典》第十二卷，汉语大词典出版社2001年版，第679页

《中国大百科全书》

"韩愈"条：韩愈（768—824），唐代文学家、哲学家。字退之，河南河阳（今孟县）人。祖籍昌黎，世称韩昌黎，晚年任吏部侍郎，又称韩吏部。谥号"文"，又称韩文公，北魏贵族后裔，父仲卿，为小官僚……韩愈一生，在政治、文学方面都有所建树，而主要成就是文学。他反对魏晋以来的骈文，提倡古文，进行了长期的激烈斗争。"韩愈奋不顾流俗，犯笑侮，收召后学"（柳宗元《答韦中立论师道书》）；"时人始而惊，中而笑且排，先生益坚，终而翕然随以定"（李汉《昌黎先生集序》）。由于他和柳宗元等人的倡导，终于形成了唐代古文运动，开辟了唐宋以来古文的发展道路。他的诗歌有独创成就，对宋诗的发展有重要影响。

——中国大百科全书编辑委员会《中国文学》编辑委员会编：《中国大百科全书·中国文学卷》，中国大百科全书出版社1986年版，第228页

《中国历史大辞典》

"韩愈"条：韩愈（768—824），唐河南河阳（今河南孟县西）人，字退之。贞元进士。德宗时任监察御史，关中大旱时，上书请宽民徭及免田租。因极论宫市之弊，为幸臣所忌恨，贬阳山令。后以比部郎中兼史馆修撰。修《顺宗实录》，确立"忠良奸佞，莫不备书，苟关于时，无所不录"的义例，记宫禁秘事颇切直。佐裴度讨平淮西，有参谋策划之功。谏宪宗迎佛骨，被贬为潮州刺史，改袁州刺史。穆宗时，官至吏部侍郎。卒谥文，世称韩文公。力反六朝以来的骈偶文风，提倡散体，与柳宗元同为古文运动的倡导者。著作有《昌黎先生集》。

——吴泽、杨翼骧主编：《中国历史大辞典·史学史卷》，上海辞书出版社1983年版，第452页

《中国文学家大辞典》

"韩愈"条：韩愈（768—824），字退之，行十八。河阳（今河南孟县）人。《新唐书》本传谓其邓州南阳人，误。郡望昌黎，故世称韩昌黎……韩愈以儒家道统者自居，以弘扬仁义、排斥佛老为己任。所著《原道》《原性》《论佛骨表》等文，在学术思想史上占有一定地位。大力提倡古文，反对骈偶文风，主张文道合一，以道为主。提出"学古道则欲兼通其辞，通其辞者，本志乎古道者也"（《题欧阳生哀辞后》）。并主张"不平则鸣"（《送孟东野序》）。在形式上，强调"文从字顺"，"词必己出"（《南阳樊绍述墓志铭》）。"唯陈言之务去"（《答李翔书》）。与柳宗元同为当时文坛盟主，世称"韩柳"。喜奖掖后进，经其指点者，往往成名，称韩门弟子。其古文创作名篇甚多……苏洵谓其文如"长江大河，浑浩流转，鱼鼋蛟龙，万怪惶惑"（《上欧阳内翰书》），颇中肯綮。苏轼至以"文起八代之衰"（《韩文公庙碑》）誉

之，足见影响之大。其诗多用赋体，善为铺陈，又喜吸收古文章法、句式，且好发议论，故有"以文为诗"之称。……风格奇崛雄伟，别开生面，但亦时有奥涩、板滞、怪僻之弊。……叶燮谓唐诗至韩愈为"一大变，其力大，其思雄，崛起特为鼻祖"（《原诗》），所论大致公允。后之宋诗受韩愈影响至巨。

——周祖譔主编：《中国文学家大辞典·唐五代卷》，中华书局1992年版，第747页

《唐诗大辞典》

"韩愈"条：韩愈（768—824），字退之，排行二，河南河阳（今河南孟州）人，郡望昌黎，后人因称"韩昌黎"……韩愈乃唐代著名思想家及作家，一生以恢宏儒道、排斥佛老为己任，与柳宗元共倡古文。宋苏轼称其"文起八代之衰，而道济天下之溺"（《潮州韩文公庙碑》）。韩愈之诗与孟郊齐名。韩诗中多有反映现实、抨击时弊之作，如《丰陵行》《华山女》等。又有咏怀述志及表现生活琐事之作，如《秋怀》《赠刘师服》等，内容较广泛。当时元稹等人论诗扬杜抑李，韩愈则兼崇之。李白之奇情壮思，杜甫之千锤百炼，皆影响韩诗甚巨。韩诗风格雄奇壮伟，光怪陆离，《南山》《陆浑山火》等大篇尤呈此貌，司空图称其"驱驾气势，若掀雷抉电，撑扶于天地之间"（《题柳柳州集后》）。然韩诗并不专以奇险见长，清赵翼云："昌黎自有本色，乃在文从字顺中自然雄厚博大。"（《瓯北诗话》卷三）其诗法之尤著称于世者乃"以文为诗"，即以古文之章法句式为诗（如《山石》《八月十五夜赠张功曹》），且多议论（如《荐士》《谢自然诗》），此于宋诗之散文化、议论化有极大影响。

——周勋初主编：《唐诗大辞典》，凤凰出版社2003年版，第

394-395 页

二、学者论著

殷孟伦
（原山东大学中文系教授，中国语言学会理事）

韩愈（768－824），字退之，河南河阳（河南省孟县）人。他是我国古代著名的思想家和文学家，在中国文学史上，他的诗歌和散文都很擅名，但以散文的成就为最大。他是司马迁以来影响最大的散文作家，对散文的创作和理论，都作出了杰出的贡献；他所领导的唐代古文运动，在中国文学史上产生了极为深远的影响。为此，宋代的苏轼曾以"文起八代之衰"的话来赞美他。

—— 殷孟伦、杨慧文：《韩愈散文选注·前言》，上海古籍出版社1986年版，第1页

钱仲联
（原苏州大学教授、博导，中国诗学研究会理事长）

韩愈（公元七六八－八二四年）是唐代著名的文学家、思想家。字退之，河南河阳（今孟县西）人。郡望是昌黎。德宗贞元八年（公元七九二年）进士及第。历任监察御史、阳山令、河南令、考功郎中、中书舍人、太子右庶子、刑部侍郎、潮州刺史等职。穆宗长庆时，官至吏部侍郎。卒年五十七。著有《昌黎先生集》。

—— 钱仲联：《韩昌黎诗集系年集释·前言》，上海古籍出版社1984年版，第1页

胡守仁

（原江西师范大学中文系主任、教授）

韩愈的籍贯，说法不一。（一）有说是南阳的：……（二）有说是昌黎人的：……（三）有说是河阳人的：……以上三说中"昌黎人"的一说，是称韩氏的族望，不能作为籍贯；"南阳人"的一说，要否定它，没有作为铁证的材料；"河阳人"的一说，除从上面所引他自己的诗文推断而得以外，张籍《祭退之》有"旧茔盟津北"的话，盟津即孟津，属于河阳，河阳即今孟县，因此其可靠性大些。我倾向这一说。

——胡守仁：《韩愈叙论》，江西人民出版社1989年版，第1—2页

李长之

（原北京师范大学教授）

原来他（指韩愈）的籍贯在河南省内、黄河以北，现在称为沁阳的地方，当时称为河阳。他自己老说归河阳，或到河阳去省坟墓，以及在他五十三岁的时候，他的第四个女儿名叫挐的死了，他于是"归女挐之骨于河南之河阳韩氏墓葬之"，都证明这里是他的老家。

——李长之：《韩愈传》，东方出版社2010年版，第5页

任继愈

（原北京大学教授、中国科学院世界宗教研究所所长、国家图书馆馆长）

古人常说"知人论世"，是说研究一个思想家、文学家，放在一定的历史条件和社会条件下来考察。比如说韩愈的生平，他的乡里好像没有什么再争论了，定下来了，就是河南孟县人。……孟县是韩愈的故里，可以发挥地方优势，做更多的工作。

——吴文治主编：《韩愈研究》第一辑，中州古籍出版社1996年

版，第 2 页

郭预衡

（原北京师范大学教授、中文系副主任、古籍研究所副所长）

韩愈（768-824），字退之，河阳（今河南省孟县）人，郡望昌黎。韩愈一生正当中唐时期，经历了代宗、德宗、顺宗、宪宗、穆宗五朝，主要仕于德宗、宪宗、穆宗三朝。时当安史之乱以后，经过"永贞革新"的失败，这时的文人学者不再有"致君尧舜上"的幻想，却仍有兴利除弊的热情。韩愈积极求仕，政治上是有些抱负的。

—— 郭预衡：《中国散文史》（中），上海古籍出版社 1993 年版，第 172 页

霍松林

（原陕西师范大学文学研究所所长、教授、博导）

韩愈（768-824），字退之，河阳（今河南孟县）人。昌黎是他的郡望，故自称"昌黎韩愈"，世称"韩昌黎"。晚年任吏部侍郎，故又称"韩吏部"。谥"文"，故亦称"韩文公"。是我国著名的文学家、唐代古文运动的领袖。……韩愈一生，在政治、哲学、文学等方面都有建树，苏轼在《潮州韩文公庙碑》中称他"文起八代之衰而道济天下之溺，忠犯人主之怒而勇夺三军之帅"。其文学成就尤为突出：诗歌力大思雄，瑰奇壮伟，自开宗派；散文气盛言宜，纵横开阖，奇偶错综，巧譬善喻，变化百出，其贡献更在诗歌之上。

—— 霍松林：《新选新注唐宋八大家书系·韩愈卷·前言》，中国工人出版社 1997 年版，第 1-4 页

附　录　权威辞书与文史学者对韩愈籍贯的论定

钱伯城
（原上海古籍出版社编辑室主任、《中华文史论丛》社长）

　　韩愈，字退之，生于唐代宗大历三年（768）。孟州河阳（今河南孟县）人。昌黎（今辽宁义县）是其郡望，故常自称"昌黎韩愈"，后人便称他韩昌黎。他最后的官职是吏部侍郎，后世又称他韩吏部，死后谥"文"，所以又叫他韩文公。……苏轼用四句话概括韩愈的一生："文起八代之衰，而道济天下之溺；忠犯人主之怒，而勇夺三军之帅。"（《潮州韩文公庙碑》）前二句指他在文学和儒学方面的贡献，后二句指他在政治和品格方面的表现。"文、道、忠、勇"，这是很高的评价。一千多年来，后人因各所处时代的标准不同，对韩愈的评论时有起伏，有褒有贬；但谁都不能否认他的伟大成就和深远影响。过去如此，今后也将如此。

　　——钱伯城：《韩愈文集导读·导言》，巴蜀书社1993年版，第1—14页

卞孝萱
（原南京大学中文系教授、博导，韩愈研究会会长）

　　韩愈（768—824），中唐著名的思想家、教育家和伟大的文学家，语言大师，世界文化名人。字退之，河阳（今河南孟州）人。郡望昌黎（辽宁义县），称韩昌黎，宋封昌黎伯。官终吏部侍郎，称韩吏部。卒谥文，称韩文公。……范文澜先生说："在唐朝文苑里，诗的成就是巨大的，但不可忽视古文运动更巨大的成就。……古文更大的作用，是在建立新儒家，使士人摆脱佛教思想束缚。宋明两朝理学的广阔境界，由唐古文运动的主要推动者韩愈率先启行，这在诗人中是无以为比的。"（《中国通史简编》第四册第六节《近体文与古文》）在人类发

展史上承前者伟大，启后者伟大，能承前启后者更伟大，故陈寅恪先生说："退之者，唐代文化学术史上承前启后转旧为新关捩点之人物也。"（《金明馆丛稿初编·论韩愈》）

——卞孝萱、张清华：《韩愈集·前言》，凤凰出版社 2006 年版，第 1—7 页

黄永年
（原陕西师范大学古籍整理研究所所长、教授）

韩愈在有的史书上说是昌黎人，其实这只是韩氏的郡望。韩愈这一支在好几代前就住在河阳，而且除祖父韩叡素在唐代做边远地区从五品上阶的州长史外，曾祖韩仁泰、父亲韩仲卿都只是下级官员，即使本来是士族也早已没落。加之韩愈三岁就失去父母，跟随谪居韶州的大哥韩会和大嫂生活，德宗贞元八年（792）二十五岁时凭自己的本领举进士及第。这和柳宗元年轻时走的道路并没有区别。

——黄永年：《韩愈集·导读》，凤凰出版社 2020 年版，第 4 页

刘国盈
（原首都师范大学中文系主任、副院长、教授）

不是昌黎，也不是邓州南阳，就应该是晋启南阳了。所谓晋启南阳，如上所说，即河南修武。可是，方裕卿说："今孟怀州皆春秋南阳之地。"孟怀州，就是今河南的孟县。那么，韩愈的籍里，是修武，还是孟县呢？朱熹在《昌黎先生集考异》中转引方崧卿的话，说："'今孟怀州皆春秋南阳之地。自汉至隋，二州皆属河内郡。唐显庆中，始以孟隶河南府。建中中乃以河南之四县入河阳三城使，其后又改为孟州。今河内有河阳县，韩氏世居之。故公每自言：归河阳省墓。而女

挈之铭亦曰：归骨于河南之河阳韩氏墓。张籍祭公诗亦云：旧茔盟津北。则知公为河内之南阳人。'其说独为得之。公诗所谓：'旧籍在东都，我家本瀍谷。'则必以地近而后常徙居耳。"此外，韩愈的长兄韩会死后，埋葬在河阳（《祭十二郎文》："从嫂归葬河阳"）。韩愈本人死后，也埋在河阳（皇甫湜《韩文公墓铭》："三月癸酉，葬河南河阳"）。韩氏祖茔设在河阳，可见韩愈的籍里，应该是河南孟怀州，也就是今之河南孟县了。

—— 刘国盈：《韩愈评传》，北京师范学院出版社 1991 年版，第 7 页

吴文治

（原中国人民大学教授，中国韩愈研究会副会长）

韩愈，字退之，是我国中唐时代杰出的古文家、诗人、哲学家。他生于唐代宗大历三年（768），上距李白之死六年，下距杜甫之死三年、柳宗元之生五年。从他出生到穆宗长庆四年（824）去世的五十七年中，经历了代宗、德宗、顺宗、宪宗、穆宗五朝。……韩愈的祖籍是河南河阳（今河南孟县），郡望为昌黎，常自称"昌黎韩愈"，后人亦称韩昌黎。晚年官吏部侍郎，故又称韩吏部。死后谥号"文"，所以人们也尊称他为韩文公。

—— 吴文治：《韩愈》，上海古籍出版社 1991 年版，第 1—2 页

邓潭洲

（原湖南省社会科学院哲学研究所研究员、研究室主任）

  韩愈的籍贯本是河阳（今河南省孟县），但他却自称是昌黎（今河北省卢龙县）人，《旧唐书》据此而径书之。《新唐书》又以李白所撰《武昌宰韩君去思碑》谓韩仲卿（韩愈之父——引者）"南阳人"为据，说韩愈是南阳人，而于"南阳"之上增加"邓州"二字。这两种说法，都有问题：第一，韩愈自称是昌黎人，乃言其"郡望"，非实际籍贯。我们知道，在唐代，虽然豪族（或"世族"）地主已经衰落，但社会上仍然存在着重视"门阀"的观念，许多出身于普通地主而通过科举考试进入仕途的人，他们讲自己的家世，往往攀援"郡望"，即把自己说成属于某郡显贵的豪族（或世族），用以夸耀。由于昌黎韩族颇盛，故韩愈自称为昌黎人。其实，韩愈并不是出于昌黎韩族。……第二，李白所说的"南阳"，是指处于太行山之南和黄河之北的一个地区（相当今河南省济源县至获嘉县一带），它在春秋时属于晋，在战国时属于魏。河阳正处于这个地区之中，所以李白说韩仲卿是南阳人，实际上是说他为河阳人。

  ——邓潭洲：《韩愈研究》，湖南教育出版社 1991 年版，第 32 页

罗联添

（原台湾大学中文系主任、教授）

  今案韩愈《祭十二郎文》云："中年兄殁南方，吾与汝俱幼，从嫂归葬河阳。"又女挐圹铭云："归女挐之骨于河南河阳之韩氏墓，葬之。"又息国夫人墓志云："葬河南河阳。……将葬，戡与成以其事乞铭于其邻韩愈。"又皇甫湜所为韩文公墓志铭云："（敬宗宝历元年）三月癸酉（二十九日），葬河南河阳。"韩愈兄、女及愈本身，皆葬河南

附 录 权威辞书与文史学者对韩愈籍贯的论定

河阳,又息国夫人葬河阳而与愈为邻,愈之为河阳(今河南孟县)人,不待辨而明。况《孟县志》又云:"右韩昶自为墓志铭。……按县牍略云:'志石于前明万历年间,自孟县北二十里苏庄村,即古尹村韩王坟前出土,当时韩文公裔孙得之,藏于家'……后人作修武志者,皆载韩文公为修武人。与作昌黎县志者,据旧书载公为昌黎人,其说皆坚持而不下。而不意千载之下,此志乃出于孟县尹村韩氏祖茔之前,因知韩公所谓往'河阳省坟墓'者,确在此地。而公之为唐河阳县人,今孟县地,灼然无疑。"韩昶为韩愈子。据孟县(即唐河阳县)出土韩昶墓志石刻以定愈之里居,可使持异议者无争辩之余地。

——罗联添:《韩愈研究》,天津教育出版社 2012 年版,第 3-4 页

汤贵仁

(泰山学院教授,韩愈研究会理事)

韩愈是唐代著名的散文家和诗人。他的诗于李白、杜甫之后,在探索新的艺术道路的过程中,形成了自己独特的艺术风格,为唐代诗歌的百花园增添了一丛别具风采的鲜花。韩愈(768—824),字退之,河南河阳(今河南省孟县)人。父亲韩仲卿曾历任县尉、县令等低微的官职,终官管理宫廷图书的秘书郎,社会地位不高。相传韩仲卿编过曹植的文集,和大诗人李白、杜甫有交往,可见是有相当的文学素养的。韩仲卿在任县令期间,治绩卓著,曾受到李白的称赞。这一切,都给韩愈以良好的影响。韩愈的一生,主要经历了德宗、顺宗、宪宗、穆宗四朝。在这段时间里,唐王朝对藩镇割据势力由妥协转为反复较量。贞元年间的妥协,使中央和地方获得休养生息的机会,发展了生产,充实了国力,元和年间的多次较量,打击了割据势力的嚣张气焰,削平了数处藩镇,中央政权取得了一定程度的胜利。但是,中唐的其

他社会问题,诸如宦官专权、朝臣党争、积年弊政,都未得到切实的解决。这一特殊而复杂的历史条件,是韩愈的政治思想、诗歌创作形成和发展的社会背景。

——汤贵仁:《韩愈诗选注·前言》,上海古籍出版社 1984 年版,第 1 页

张清华
(河南省社会科学院研究员,原韩愈研究会会长)

韩愈(768—824),字退之,排行二,河南河阳(今河南孟州)人,郡望昌黎,后人因称"韩昌黎"。晚任吏部侍郎,谥"文",后人又称"韩文公"。韩愈幼孤,由兄嫂抚育成人。德宗贞元八年(792)登进士第,三选吏部试无成,乃任节度推官,其后任监察御史等职。贞元十九年,因言关中旱灾,触怒权臣,贬阳山令。贞元二十一年正月,顺宗即位,王伾、王叔文执政,韩愈遇赦。秋,宪宗即位,量移江陵府法曹参军。宪宗元和元年(806),召拜国子博士。

——张清华:《韩学研究》(下册),江苏教育出版社 1998 年版,第 478 页

孙昌武
(南开大学文学院教授、博导,韩愈研究会副会长)

韩愈(唐代宗大历三年,七六八—唐穆宗长庆四年,八二四),字退之,河阳(今河南孟州市西)人;郡望昌黎,称"韩昌黎";曾任吏部侍郎,称"韩吏部";又谥曰"文",称"韩文公"。存《昌黎先生集》通行本四十卷,《外集》一卷,遗文一卷。……总观韩愈曲折的、坎壈的生涯就会发现,他在政治上十分积极,富进取精神,但实际功

业却十分有限。他从没有在一个职务上安定一两年的时间,贬降黜辱总伴随着他,流放岭南的长途他就走了三个来回。而正是这充满动荡不幸的人生,锻炼了他的思想与才华,造就出他思想上、文学上的业绩,使他成为文化转折期中的伟人。

——孙昌武:《韩愈选集·前言》,上海古籍出版社2013年版,第1—6页

钟林斌

(辽宁大学中文系教授、中国文学研究所所长)

洛阳,在河之南。在河之北,与东都相望的是河阳。河阳,就是如今被称作孟县的地方。在县城西十里许,有个普普通通的村落,人称韩庄。因为有个人的名字和这个村子联系在一起,这就不仅使韩庄,也使孟县有了光彩。对韩庄这个小村落,明朝有位文人曾写诗赞道:"不独文章盛,先生峻一身。江山如许地,唐宋几何人。月冷孤坟墓,花香故宅春。析城东去水,呜咽响麒麟。"这诗中所赞扬的先生是何许人?乃是被苏东坡推崇为"文起八代之衰,而道济天下之溺"的唐代大文学家韩愈。

——钟林斌:《韩愈传》,辽海出版社2009年版,第1页

李道英

(北京师范大学文学院教授)

韩愈(768—824)字退之,河内河阳(今河南省孟县)人。自谓郡望昌黎,故世称韩昌黎;在家族中排行十八,故友人呼其为韩十八;曾官吏部侍郎,故世称韩吏部;卒谥文,故又称韩文公;宋神宗元丰七年(1084)封为昌黎伯。韩愈出生在一个世代奉儒守官的家庭中。

曾祖韩泰（仁泰），官曹州司马。祖父韩睿素，官朝散大夫、桂州都督府长史。父韩仲卿，官武昌令、鄱阳令、秘书郎，卒赠尚书左仆射。韩仲卿与李白、杜甫等友善，李白曾撰《武昌宰韩君去思颂碑》一文，称颂其任武昌令时之美政："未下车，人惧之；既下车，人悦之。惠如春风，三月大化。奸吏束手，豪宗侧目。""未居二载，户口三倍。""官绝请托之求，吏无丝毫之犯。""去若始至，人多怀思。"（《李太白全集》卷二十九）然韩愈三岁时其父即去世。三位叔父分别是：韩少卿，曾任当涂县丞；韩云卿，曾任监察御史、礼部郎中，是当时有名的文章家；韩绅卿，曾任泾阳令，不畏豪强，拆强豪家水碾以利民田灌溉。其大哥韩会，也是当时一位名人。

——李道英：《韩愈》，春风文艺出版社1999年版，第5—6页

蒋凡

（复旦大学中文系教授、博导，韩愈研究会理事）

文坛中有"韩柳"犹诗家中有"李杜"，他们并驾齐驱，在中国文学史上熠熠生辉。在中唐古文运动中，韩柳这对好朋友成为文坛领袖。二人密切合作、相互支持又南北呼应，在风云变幻的生活实践和文学斗争中，结下了生死不渝的深厚友谊。……至于在文学领域，二人交相辉映，恰如双峰插云，共同登上古代散文艺术大师的宝座，掀起唐代古文运动的高潮。……韩愈（公元768—824），字退之，河南河阳（今河南孟县）人，贞元八年（公元792）进士。柳宗元（公元773—819），原籍河东（今山西永济县）。由于家庭及生活道路的异同，二人思想性格也颇有异同。

——蒋凡：《文章并峙壮乾坤——韩愈柳宗元研究》，上海教育出版社2001版，第1—2页

附　录　权威辞书与文史学者对韩愈籍贯的论定

陈新璋

（华南师范大学中文系副主任、教授，韩愈研究会理事）

韩愈（768—824），字退之，号昌黎，唐代河南府河阳（今河南省孟县）人。关于韩愈的籍贯，有许多种说法：一、南阳……二、昌黎……三、河阳……以上诸说令后人莫衷一是，于是考证蜂起。今人除了根据文献资料进行考证之外，还进行了实地考察，结合文物遗迹进行研究，得出了令人信服的结论，认为："南阳说"是错的，"昌黎说"无案可查，韩愈自称昌黎，主要是郡望所致。因为北魏时，昌黎之韩名噪一时，到了唐代，韩姓一般自报祖籍昌黎。而韩愈的籍贯实是河南河阳（今孟县）。至今，河南省孟县境内还保留着韩愈的祖茔、韩愈的墓地、墓碑和他儿子韩昶的墓志铭、侄孙韩湘的墓冢。

——陈新璋：《韩愈传》，广东高等教育出版社1996年版，第3—4页

阎琦

（西北大学教授，唐代文学学会常务理事、副会长兼秘书长）

韩愈的籍贯，是唐代河南府河阳县（河南府的范围包括今洛阳市及周围十数个县），即今河南孟州市。孟州市西北二十里苏家庄南有土丘，周围数里许，就是韩氏祖茔。清代雍正朝所编《河南通志》卷四九"陵墓·韩愈祖茔"记载："在孟县尹村岭后，即今苏家庄。自始祖安定桓王茂以下及父仲卿、叔云卿、伯兄会与嫂郑氏，俱祔葬于祖墓。"同卷又载："韩昶（韩愈子）墓，在孟县西北二十里尹村祖茔。韩湘（韩愈侄孙）墓，在孟县城东谪星庙下。"据孟州地方学者考察，20世纪40年代以前，韩愈七世祖韩茂墓前有碑，上书"后魏安定桓王韩氏之墓"，只是墓碑毁于日军侵华炮火中，无法知道竖碑的具体时

间。韩愈之子韩昶墓明万历间（16世纪）为盗所掘，出墓志，志石今存孟州市韩氏家族祠堂内。韩愈墓在今孟州市西十余里韩庄村，墓保存完好，目前古柏参天，号为"唐柏"，清代以来的碑刻保存亦完好。

——阎琦：《阅读韩愈》，南京大学出版社2011年版，第9—10页

刘真伦

（华中科技大学中文系教授、博导，韩愈研究会常务理事、副秘书长）

韩愈每自称"昌黎韩愈"，其述及里居，则直称"河南河阳"，明白无误。李翱《行状》、皇甫湜《墓志》、《旧唐书》本传径称"昌黎"，均指韩氏郡望。李白称韩愈父仲卿为"南阳人"（《武昌宰韩君去思颂碑》），按：《左传》僖公二十五年"晋于是始启南阳"，杜注："在晋山南，河北，故曰南阳。"河阳正在晋南，故李白云然。至宋祁将泛指的"南阳"理解为特指的地名即今河南南阳市，唐南阳属邓州，于是在"南阳"前加上"邓州"二字，就有了《新唐书》本传的"邓州南阳"。其后孔平仲解"南阳"为"河内修武"，王铚作蒲州永乐，相去愈远。唯孔武仲、董逌、方崧卿定为河阳孟州，始得其实。朱熹既以方说"独为得之"，又断定"南阳之为河内修武，则无可疑者"，将孟州、修武混为一谈，把已经解决的问题再次搅混。后人对这一问题纠缠不清，和朱熹的误解有很大关系。

——刘真伦：《韩愈集宋元传本研究》，中国社会科学出版社2004年版，第21页

胡阿祥

（南京大学历史学院教授、博导，韩愈研究会副会长）

检视以上肯定尚有诸多遗漏的资料，我们可以直接得出的几点认

识是：……其二，永平府（治今河北卢龙县）仅见明初所建之昌黎县（治在今河北昌黎县）韩文公祠，而怀庆府（治今河南沁阳市）有关韩愈史迹以及纪念地丰富多彩，这起码说明清代从国家到地方、从编修《嘉庆志》的硕学鸿儒到民间社会，是认韩愈为唐之河阳、清之孟县即今河南孟州市人的，或者说，是认韩愈乡里及归葬地为今孟州市；韩愈虽然自称昌黎韩愈，昌黎之地与韩愈昌黎之称，其实并无实质性的关系。

——张清华、杨丕祥主编：《韩愈研究》第六辑，河南大学出版社 2012 年版，第 21-22 页

杨国安

（河南大学文学院教授、博导，韩愈研究会会长）

董逌、方崧卿的意见则更进一步，使这个问题（编者按：指韩愈的籍贯）的研究基本上趋于完成……董、方二氏在这个方面的研究是从两个方面进行的。首先是针对洪氏《世谱》对韩氏世系进行辨正。他们认为"骞乃韩瑗、韩休之祖，而公自出于寻、棱"，明确把韩氏分为两支，一支远祖为颓当玄孙韩骞，一支远祖为颓当裔孙韩寻。这是在洪谱的基础上，又加细密得出的结论，与《元和姓纂》《新唐书·宰相世系表》相合，解决了洪谱中谱系中的混乱。二是通过对河内南阳沿革的考辨，加上韩文中的其他材料，得出明确的结论，韩愈乃河南河阳（今河南孟县）人。……对于方、董二氏的结论，朱熹深为赞同："其说独为得之。"朱熹在此基础上，又作了一些补充的申述……通过董、方、朱三人的考辨，韩愈的籍贯已经清楚了。在以上所述诸家的讨论考辨之外，宋代还有其他的学者也对韩愈的籍贯问题进行过考辨……后代虽还有其他种种的说法，但也都难以真正撼动河内河阳

人的说法。

—— 杨国安：《宋代韩学研究》，中国社会科学出版社 2006 年版，第 120—122 页

吴振华
（安徽师范大学副教授，韩愈研究学会理事）

韩愈（768—824），字退之，河阳（今河南孟州市）人，郡望辽宁义县之（河北）昌黎，人称"韩昌黎"。最后的官职是"吏部侍郎"，故又称"韩吏部"。死后谥号"文"，世称"韩文公"。韩愈生活在中唐时期，一生经历了代宗、德宗、顺宗、宪宗、穆宗五朝。他生于代宗大历三年（768），此时"安史之乱"被平息已经五年，李白去世已经六年，而杜甫也在韩愈三岁时谢世（770）。如果说"安史之乱"标志着中国历史上的盛唐已经结束的话，那么李、杜的离世则标志着唐代诗歌史上盛唐的终结。韩愈就是出生在唐代历史与文学双重转折的重要关头。

—— 吴振华：《韩愈诗歌艺术研究》，安徽师范大学出版社 2012 年版，第 8 页

周静
（临沂大学历史文化学院副院长、副教授）

韩愈（768—824），字退之，生于唐代宗大历三年，卒于唐穆宗长庆四年，河南河阳（今河南孟州市）人。其先世曾居昌黎，故韩愈好自称昌黎人。官终礼部侍郎，死谥为"文"，故史书常尊称为韩昌黎、韩吏部或韩文公。韩愈出身于儒学世家，其父仲卿、叔父云卿、兄韩

会皆好为古文，崇儒重道。受家学熏陶，韩愈自小喜读圣贤之书，"生平企仁义，所学皆孔周"；"生七岁而读书，十三而能文，二十五而擢第于春官，以文名于四方"，又"行之乎仁义之途，游之乎《诗》《书》之源，无迷其途，无绝其源，终吾身而已矣"。总之，其一生致力于阐扬儒道，倡道统，排佛老，以成圣行道为己任，堪称一代儒宗。

——周静：《韩愈经学考》，社会科学文献出版社 2018 年版，第 12—13 页

后 记

此书出版主要是缘于《韩愈故里在修武》一书，本来在《我的韩愈故里观》一篇中已有过许多的说明，本不想再说什么。但不写一点后记，总是感觉心中好像缺点什么。

那缺的是什么呢？两个字——感谢。

虽然本书中的文章几乎全在学术杂志和网络上发表过，但此次结集还是得到了太多人的帮助。中国唐代文学学会韩愈研究会原会长张清华先生、西北大学教授博士生导师郝润华女士、郏县三苏坟的丁国辉先生、孟州市融媒体中心的高宏先生、世界韩氏恳亲会的韩宗臣先生等等，都为此书的出版，提供了无私的帮助。

特别要感谢孟州市政协原主席杨丕祥先生，他是我进入韩学研究领域的引导者，也是在他多次鼓励下，我才最终下定决心结集出版此书。在此书的整理编辑过程中，杨先生不仅对全书进行了批改、校对，还为此书增加了许多新资料和新内容，使全书更加系统更加完整。

在此，真心地表示感谢，感谢所有为我提供帮助的人，感谢所有对此书出版提供帮助的人。

韩学研究是一项永无止境的事业，越深入越感觉到自己的浅薄无知，有太多的问题需要自己静下心来学习和钻研。由于时间仓促，此书难免有谬误之处，诚望广大同人志士提出宝贵意见，帮助我将今后的研究工作做得更好。

2020 年 7 月于家中